Curso
MAD360

La diferencia entre aprobar
y sacar plaza

Personal de Servicios Generales

DIPUTACIÓN PROVINCIAL DE SEVILLA

Si aún no dispones de tu **Curso MAD360**, te ofrecemos un acceso GRATIS de 30 días para que disfrutes de los siguientes recursos:

AF212168

- Técnicas de Memoria 360.
- MADTEST: Test *online* Nivel PRO.
- Temario en formato digital.
- Vídeos.
- Esquemas.
- Planificación de estudio.
- Foro entre opositores hasta la fecha del examen.*
- Recursos y novedades exclusivas.
- Consúltanos sobre tu oposición y proceso selectivo.
- Actualizaciones legislativas (Boletines Oficiales) hasta 60 días antes de la fecha del examen.*

Para acceder a esta prueba del Curso MAD360** será necesaria la compra de todos los libros para esta especialidad de la edición 2025.

Regístrate en **mad.es/iniciar-sesion** y en la pestaña MIS CURSOS valida los códigos que encuentras en la última página de tus libros.

NOTA IMPORTANTE:

* Examen de esta categoría profesional correspondiente a la convocatoria publicada en el BOP de Sevilla n.º 163, de 26 de agosto de 2025, o hasta el 31 de octubre de 2026, lo que se cumpla antes, y previa renovación del servicio.

** El acceso al CURSO MAD360 estará disponible desde octubre de 2025 (algunos recursos podrían estar disponibles en fecha posterior). Tendrá una duración de 30 días RENOVABLES mediante pago, desde la validación de códigos, o hasta el 30 de abril de 2027, lo que se cumpla antes.

MAD se reserva el derecho a ampliar dichas fechas.

Personal de Servicios Generales de la Diputación de Sevilla

Octubre, 2025

Personal de Servicios Generales de la Diputación de Sevilla

Test del temario

Autores

FRANCISCO JESÚS TORRES FONSECA
Licenciado en Derecho

JUAN MANUEL GIL RAMOS
Licenciado en Medicina. Master en Salud Ambiental.

HERMINIA ANDRADES ROMERO
Diplomada en Fisioterapia

ANA MARÍA SERRANO BÁRCENA
Licenciada en Biología

M.ª DOLORES MOLADA LÓPEZ
Diplomada en Magisterio
Técnico en Prevención de Riesgos Laborales

ENCARNA ROJO FRANCO
Redactora Senior
Oposicions i Cursos Professionals

LIDIA MARINA PONCE MARTÍNEZ
Licenciada en Psicología
Máster en Terapia Familiar y de Sistemas

TERESA MARÍA TORRES FONSECA
Licenciada en Derecho

© 7 Editores Recursos para la Cualificación Profesional y el Empleo, S.L. (7 Editores)
© Los autores
Primera edición, octubre 2025 (238 páginas)
Derechos de edición reservados a favor de 7 Editores
IMPRESO EN ESPAÑA
Diseño Portada: 7 Editores
Edita: 7 Editores
Avda. San Francisco Javier, 9 · Edificio Sevilla 2 · Planta 11 · Módulos 25-27 · 41018 Sevilla
Teléfono: 954 784 411 · WEB: www.mad.es · e-mail: administracion@7editores.com
ISBN: 979-13-702-8127-4
© "Editorial Mad" y "Eduforma" son nombres comerciales registrados de
7 Editores Recursos para la Cualificación Profesional y el Empleo, S.L.

Índice

MATERIAS COMUNES

MATERIAS ESPECÍFICAS

MATERIAS COMUNES

TEST N.º 1

La Constitución española de 1978. Organización territorial del Estado. Especial referencia a la Administración Local

1. ¿En qué se fundamenta la Constitución Española?

a) En un Estado social y democrático de Derecho.
b) En la indisoluble unidad de la Nación española.
c) En la independencia de los poderes del Estado.
d) En la organización territorial del Estado.

2. Según el artículo 3 de la CE, el castellano es la lengua oficial del Estado y todos los españoles:

a) Tienen el deber de usar y el derecho de conocer el castellano.
b) Tienen el derecho y el deber de conocer el castellano.
c) Tienen el deber de conocer y el derecho de usar el castellano.
d) Tienen el derecho de conocer y usar el castellano.

3. La Constitución Española reconoce y garantiza el derecho a la autonomía:

a) De las nacionalidades que la integran.
b) De las regiones que la integran.
c) De las Comunidades Autónomas que la integran.
d) De las nacionalidades y regiones que la integran.

4. El Preámbulo de la Constitución:

a) Tiene en sí carácter de norma jurídica.
b) Es una declaración de intenciones, destinada a interpretar lo que se quiere alcanzar con el contenido normativo de la Constitución.
c) Se trata de un texto sin fuerza jurídica de obligar.
d) Las respuestas b) y c) son correctas.

5. Señala la respuesta correcta respecto de la aprobación, ratificación y publicación de la Constitución Española:

a) Aprobada por las Cortes el 31 de octubre de 1978, ratificada por el pueblo en referéndum el 6 de diciembre de 1978 y publicada el 29 de diciembre de 1978.
b) Aprobada por las Cortes el 30 de octubre de 1978, ratificada por el pueblo en referéndum el 16 de diciembre de 1978 y publicada el 27 de diciembre de 1978.
c) Aprobada por las Cortes el 31 de octubre de 1978, ratificada por el pueblo en referéndum el 16 de diciembre de 1978 y publicada el 29 de diciembre de 1978.
d) Aprobada por las Cortes el 10 de octubre de 1978, ratificada por el pueblo en referéndum el 26 de diciembre de 1978 y publicada el 30 de diciembre de 1978.

6. ¿En qué parte de la Carta Magna se establece la exposición de motivos que impulsan la norma constitucional y los objetivos que con ella se pretenden alcanzar?

a) En el Título Preliminar.
b) En el Preámbulo.
c) En el Título I.
d) En el Título II.

7. La Constitución Española fue sancionada por:

a) El Rey.
b) El Presidente del Congreso.
c) Las Cortes Generales.
d) El Presidente del Gobierno.

8. ¿Cuáles de los siguientes españoles de origen pueden ser privados de su nacionalidad?

a) Exclusivamente los miembros de grupos terroristas.
b) Los miembros de grupos terroristas y los que atenten contra el Rey u otro miembro de la Casa Real.
c) Los que atenten contra un miembro de la Familia Real o del Gobierno de la Nación.
d) Ningún español de origen podrá ser privado de su nacionalidad.

9. Según la CE son fundamentos del orden político y la paz social:

a) La dignidad de la persona, los derechos violables que les son inherentes y el respeto a la ley.
b) La dignidad de la persona, el desarrollo limitado de la personalidad y el respeto a la ley.
c) El respeto a la ley, a los reglamentos administrativos y demás disposiciones legales.
d) La dignidad de la persona, los derechos inviolables que le son inherentes, el libre desarrollo de su personalidad, el respeto a la ley y a los derechos de los demás.

10. ¿Cuál de los siguientes es considerado por la CE como uno de los valores superiores del ordenamiento jurídico?

a) La jerarquía normativa.
b) El pluralismo político.
c) La publicidad normativa.
d) La equidad.

11. La forma política del Estado español es:

a) Democracia parlamentaria.
b) Gobierno parlamentario.
c) Monarquía parlamentaria.
d) República democrática.

12. La parte de la CE que regula la estructura de los principales órganos del Estado recibe el nombre de:

a) Parte dogmática.
b) Parte orgánica.
c) Parte estatal.
d) Parte estructural.

13. Según la CE, la soberanía nacional:

a) Corresponde a las Cortes Generales, al estar compuestas por los representantes del pueblo.
b) Corresponde al Rey.
c) Reside en el pueblo español.
d) Corresponde al Gobierno de la Nación elegido directamente por el pueblo.

14. El derecho a la propiedad en nuestra Constitución es un Derecho:

a) Inherente a la condición humana.
b) Absoluto.
c) Limitado por la función social de la misma.
d) Ninguna de las respuestas anteriores es correcta.

15. ¿En qué parte de la Carta Magna se señalan los valores superiores del ordenamiento jurídico?

a) En el Preámbulo.
b) En el Título Preliminar.
c) En el Título I.
d) Ninguna respuesta es correcta.

16. ¿Cuál de las siguientes es una de las características de nuestra Constitución de 1978?

a) Consensuada.
b) Corta.
c) Conservadora.
d) Originalidad.

17. Son el fundamento del orden político y de la paz social:

a) El libre desarrollo de la personalidad.
b) Los derechos inviolables que les son inherentes.
c) El respeto a la ley y a los derechos de los demás.
d) Todas las respuestas son correctas.

18. Establece el artículo 128 de la Constitución Española:

a) Que toda la riqueza del país, en sus distintas formas y sea cual fuere su titularidad está subordinada a una distribución equitativa y racional.
b) Que toda la riqueza del país, en sus distintas formas y sea cual fuere su titularidad está subordinada al interés general.
c) Que toda la riqueza del país, en sus distintas formas y cuya titularidad resultase indeterminada está subordinada a una distribución equitativa y racional.
d) Que toda la riqueza del país, en sus distintas formas y cuya titularidad resultase indeterminada está subordinada al interés general.

19. ¿Qué quedará excluido de extradición?

a) Los delitos criminales.
b) Los delitos políticos.
c) Los actos de terrorismo.
d) Ninguno.

20. En el artículo 132, del Título VII, sobre los bienes de dominio público y comunal, se determina que su regulación legal se inspirará en los siguientes principios:

a) Inalienabilidad, imprescriptibilidad e inembargabilidad, así como su desafectación.
b) Inalienabilidad, prescriptibilidad e inderogabilidad, así como su desafectación.
c) Inalienabilidad, imprescriptibilidad e inexorabilidad, así como su desafectación.
d) Inalienabilidad, prescriptibilidad e invariabilidad, así como su desafectación.

21. Todos los españoles, respecto al castellano, tienen el:

a) Derecho-deber de conocerlo.
b) Derecho de usar y deber de conocerlo.

c) Derecho-deber de usarlo.
d) Nada de lo anterior.

22. La capital del Estado en España es:

a) La propia de cada Comunidad Autónoma.
b) La villa de Madrid.
c) Aquella donde se establezca en cada momento el Gobierno de la Nación.
d) Aquella en la que resida generalmente el Rey.

23. El Título de la Constitución que trata de la reforma constitucional es el:

a) Primero.
b) Décimo.
c) Noveno.
d) Undécimo.

24. El Defensor del Pueblo se regula en el siguiente Título y Capítulo de la Constitución, respectivamente:

a) Preliminar y 1.º
b) Segundo y 4.º
c) Segundo y 3.º
d) Primero y 4.º

25. El Título de la misma que trata del Gobierno y la Administración es el:

a) Tercero.
b) Cuarto.
c) Quinto.
d) Sexto.

26. Los principios rectores de la política social y económica se regulan en el siguiente Capítulo y Título de la Constitución:

a) Segundo del Primero.
b) Tercero del Primero.
c) Tercero del Preliminar.
d) Primero del Séptimo.

27. El pluralismo político, para nuestra Constitución, es un/una:

a) Principio General del ordenamiento político.
b) Valor superior del ordenamiento jurídico.
c) Principio rector de la política social y económica.
d) Derecho fundamental.

28. La forma política del Estado español es:

a) Unitaria y regionalizada.
b) Federal.
c) La Monarquía Parlamentaria.
d) La propia de un Estado Social y Democrático.

29. La justicia, según nuestra Constitución, es un/una:

a) Principio de nuestro ordenamiento jurídico.
b) Valor superior del anterior.
c) Manifestación del Estado democrático.
d) Todo lo anterior.

30. El derecho a la vida se consagra en el siguiente artículo de la Constitución:

a) 10.
b) 16.
c) 15.
d) 24.

31. La pena de muerte en España:

a) Ha quedado abolida.
b) Puede aplicarse en cualquier momento.
c) Solo se aplicará, en tiempo de guerra, a los militares.
d) Rige solo en el ámbito civil.

32. La inmediata puesta a disposición judicial derivada del habeas corpus, se produce por:

a) Detención ilegal.
b) Prisión ilegal.
c) Prisión preventiva.
d) Detención preventiva.

33. El proceso en el que se enjuicie a un presunto delincuente debe:

a) Ser sumario.
b) No dilatarse.
c) Entorpecer los instrumentos probatorios.
d) Nada de lo anterior es cierto.

34. La entrada en un domicilio en caso de flagrante delito, sin autorización de su titular:

a) Puede dar lugar a la aplicación del habeas corpus.
b) Requiere autorización previa de la autoridad judicial.

c) Puede efectuarse en todo momento.
d) No puede realizarse en momento alguno.

35. Cuando, al conocerse la comisión de un delito por una persona, se acude a su domicilio para detenerla:

a) Está obligada a franquear la entrada.
b) Se necesitará autorización judicial para entrar, si no da su consentimiento para ello.
c) Pese a que no dé su consentimiento, se puede entrar.
d) Nada de lo anterior es correcto.

36. El secreto profesional, constitucionalmente, sirve para:

a) Ejercer con libertad una profesión titulada.
b) La libertad de creación científica y técnica.
c) No declarar sobre hechos presuntamente delictivos.
d) Todo lo anterior.

37. La fundación de una Internacional Sindical por un sindicato español:

a) Es libre.
b) Está prohibida.
c) Debe plasmarse en un Tratado Internacional.
d) Nada de lo anterior es cierto.

38. El ejercicio del derecho de petición a través de una manifestación ciudadana:

a) No se admite.
b) Se admite en algún caso.
c) Se admite, salvo para los militares.
d) Ni se admite ni se prohíbe.

39. No es susceptible de recurso de amparo el derecho a la/de:

a) Sindicación.
b) Investigación científica.
c) Secreto de las comunicaciones.
d) Lo son todos ellos.

40. No es susceptible de recurso de amparo el derecho de:

a) Libertad de cátedra.
b) Negociación colectiva.
c) Manifestación.
d) Huelga.

41. Es susceptible de recurso de amparo el derecho a la/de:

a) Libre sindicación.
b) Petición.
c) Cláusula de conciencia.
d) Lo están todos ellos.

42. Una vez declarado el estado de excepción no se puede suspender el derecho/ libertad de:

a) Huelga.
b) Enseñanza.
c) Adopción de medidas de conflicto colectivo.
d) Libertad de circulación.

43. Durante el estado de excepción, un detenido conserva el derecho de/a:

a) Setenta y dos horas para ser puesto a disposición judicial.
b) Secreto de comunicaciones.
c) Asistencia de Letrado.
d) Ninguno de ellos.

44. Se puede suspender, con motivo de investigaciones relativas a bandas armadas, el derecho de:

a) Huelga.
b) Inviolabilidad del domicilio.
c) Libertad de circulación.
d) Las respuestas b) y c) son correctas.

45. Según la Constitución, las entidades que forman parte de la organización territorial del Estado tienen la nota común de:

a) Autogobierno.
b) Independencia.
c) Autonomía.
d) Financiación propia.

46. La titularidad de la soberanía española radica en el/las:

a) Cortes Generales como representantes del pueblo español.
b) Rey como Jefe del Estado.
c) Pueblo mismo.
d) Nacionalidades y regiones que integran España.

47. No pueden constituirse en Comunidades Autónomas los territorios:

a) Que no estén integrados en la organización provincial.
b) Que, no siendo superiores a una provincia, tengan entidad regional histórica.
c) Que, no siendo superiores a una provincia, no tengan entidad regional histórica.
d) Interinsulares.

48. La vía ordinaria de acceso a la autonomía por el artículo 143 de la Constitución se sigue por los/las:

a) Provincias con entidad regional histórica.
b) Territorios que en el pasado hubieren plebiscitado afirmativamente proyecto de Estatuto de Autonomía.
c) Provincia sin entidad regional histórica directamente.
d) Supuestos especiales de Ceuta, Melilla y Gibraltar.

49. Entre las determinaciones de los Estatutos de Autonomía no es necesario incluir la:

a) Delimitación de su territorio.
b) Denominación de las instituciones autónomas propias.
c) Denominación de la Comunidad.
d) Denominación, organización y sede de sus instituciones administrativas.

50. En las Comunidades Autónomas que siguen la vía común, el Proyecto de Estatuto será elaborado por la/los:

a) Asamblea de Parlamentarios que se constituye al efecto.
b) Comisión Constitucional del Congreso de los Diputados.
c) Diputación Provincial correspondiente.
d) Miembros de la Diputación u órgano interinsular y por los Diputados y Senadores elegidos por ellas.

51. El voto de ratificación por los Plenos del Senado y del Congreso de los Diputados se dará en el/las:

a) Comunidades Autónomas que siguen la vía común.
b) Comunidades Autónomas que siguen la vía especial.
c) Acceso a la autonomía de Ceuta y Melilla.
d) Acceso a la autonomía de Gibraltar.

52. La responsabilidad política del Presidente de una Comunidad Autónoma se exige por el/la:

a) Sala de lo Penal del Tribunal Supremo.
b) Congreso de los Diputados.

c) Tribunal Superior de Justicia de la Comunidad Autónoma.

d) Asamblea Legislativa de la Comunidad Autónoma.

53. La Asamblea Legislativa de las Comunidades Autónomas se elige:

a) Con criterios de representación territorial.

b) Con criterios de representación proporcional.

c) Por sufragio individual.

d) Con criterios de representación provincial.

54. El principio de coordinación con la Hacienda estatal se consigue por:

a) El Fondo de Compensación Interterritorial.

b) Los preceptos de las sucesivas Leyes de Presupuestos Generales del Estado.

c) La creación del Consejo de Política Fiscal y Financiera de las Comunidades Autónomas.

d) Imperativo de la propia Constitución.

55. Los Estatutos de Autonomía deberán contener el/la/las:

a) Competencias que se dejan al Estado y las que asume la Comunidad.

b) Competencias que, en función de la Constitución, asume cada Comunidad Autónoma.

c) Desarrollo de la Administración Autonómica.

d) División provincial y órganos de gobierno.

56. En la reforma de los Estatutos intervienen las Cortes Generales:

a) Siempre.

b) Nunca.

c) Sólo cuando se trata de Comunidades Autónomas que accedieron por la vía común.

d) En las Comunidades Autónomas de vía especial exclusivamente.

57. Los miembros de las Diputaciones u órganos interinsulares intervienen en la elaboración de los Estatutos de Autonomía:

a) En todo caso.

b) Nunca.

c) En las Comunidades Autónomas de vía común.

d) En las Comunidades Autónomas de vía especial.

58. Los Estatutos de Autonomía en la vía común se aprueban por el:

a) Congreso de los Diputados mediante Ley Orgánica.

b) Congreso de los Diputados y Senado por Ley Orgánica.

c) Congreso de los Diputados y Senado por Ley ordinaria.

d) Parlamento Autonómico solamente.

59. La más alta representación de una Comunidad Autónoma la ostenta el:

a) Presidente del Parlamento Autonómico.
b) Presidente de la Comunidad Autónoma.
c) Rey.
d) Presidente del Gobierno de la Nación.

60. La asunción de competencias y de mayor autonomía por las Comunidades Autónomas es, como regla general:

a) Regresiva.
b) Progresiva.
c) Automática.
d) Inmediata.

61. En la elaboración por la vía común de los Estatutos de Autonomía:

a) No intervienen los Municipios afectados.
b) Intervendrán en todo caso.
c) Sólo intervienen las Diputaciones Provinciales u órganos interinsulares.
d) Sólo intervienen los Municipios y los Diputados y Senadores.

62. El principio de solidaridad consagrado por el artículo 138 de la Constitución exige una atención especial a:

a) Las Comunidades Autónomas de economía más deprimida.
b) Las Entidades locales de ámbito territorial inferior al municipal.
c) Todas las partes del territorio nacional.
d) Las Islas.

63. La federación de Comunidades Autónomas, según la Constitución:

a) Sólo se permite respecto de las limítrofes.
b) Requiere Ley Orgánica de las Cortes Generales.
c) Ha de efectuarse previa reforma de la propia Constitución.
d) Está absolutamente prohibida.

64. No es elemento del Municipio el/la/las:

a) Organización.
b) Territorio.
c) Competencias.
d) Población.

Solución al test n.º 1

1. b) En la indisoluble unidad de la Nación española.

2. c) Tienen el deber de conocer y el derecho de usar el castellano.

3. d) De las nacionalidades y regiones que la integran.

4. d) Las respuestas b) y c) son correctas.

5. a) Aprobada por las Cortes el 31 de octubre de 1978, ratificada por el pueblo en referéndum el 6 de diciembre de 1978 y publicada el 29 de diciembre de 1978.

6. b) En el Preámbulo.

7. a) El Rey.

8. d) Ningún español de origen podrá ser privado de su nacionalidad.

9. d) La dignidad de la persona, los derechos inviolables que le son inherentes, el libre desarrollo de su personalidad, el respeto a la ley y a los derechos de los demás.

10. b) El pluralismo político.

11. c) Monarquía parlamentaria.

12. b) Parte orgánica.

13. c) Reside en el pueblo español.

14. c) Limitado por la función social de la misma.

15. b) En el Título Preliminar.

16. a) Consensuada.

17. d) Todas las respuestas son correctas.

18. b) Que toda la riqueza del país, en sus distintas formas y sea cual fuere su titularidad está subordinada al interés general.

19. b) Los delitos políticos.

20. a) Inalienabilidad, imprescriptibilidad e inembargabilidad, así como su desafectación.

21. b) Derecho de usar y deber de conocerlo.

22. b) La villa de Madrid.

23. b) Décimo.

24. d) Primero y 4.º.

25. b) Cuarto.

26. b) Tercero del Primero.

27. b) Valor superior del ordenamiento jurídico.

28. c) La Monarquía Parlamentaria.

29. b) Valor superior del anterior.

30. c) 15.

31. a) Ha quedado abolida.

32. a) Detención ilegal.

33. b) No dilatarse.

34. c) Puede efectuarse en todo momento.

35. b) Se necesitará autorización judicial para entrar, si no da su consentimiento para ello.

36. c) No declarar sobre hechos presuntamente delictivos.

37. a) Es libre.

38. a) No se admite.

39. b) Investigación científica.

40. b) Negociación colectiva.

41. d) Lo están todos ellos.

42. b) Enseñanza.

43. c) Asistencia de Letrado.

44. b) Inviolabilidad del domicilio.

45. c) Autonomía.

46. c) Pueblo mismo.

47. d) Interinsulares.

48. a) Provincias con entidad regional histórica.

49. d) Denominación, organización y sede de sus instituciones administrativas.

50. d) Miembros de la Diputación u órgano interinsular y por los Diputados y Senadores elegidos por ellas.

51. b) Comunidades Autónomas que siguen la vía especial.

52. d) Asamblea Legislativa de la Comunidad Autónoma.

53. b) Con criterios de representación proporcional.

54. c) La creación del Consejo de Política Fiscal y Financiera de las Comunidades Autónomas.

55. b) Competencias que, en función de la Constitución, asume cada Comunidad Autónoma.

56. a) Siempre.

57. c) En las Comunidades Autónomas de vía común.

58. b) Congreso de los Diputados y Senado por Ley Orgánica.

59. b) Presidente de la Comunidad Autónoma.

60. b) Progresiva.

61. a) No intervienen los Municipios afectados.

62. d) Las Islas.

63. d) Está absolutamente prohibida.

64. c) Competencias.

TEST N.º 2

Nociones generales de la normativa estatal y autonómica en materia de Igualdad y Violencia de Género. Medidas en el ámbito administrativo y laboral para promover la igualdad real y efectiva de las personas trans y LGTBI establecidas en la Ley 4/2023, de 28 de febrero

1. ¿Qué artículo de la Constitución proclama que los españoles son iguales ante la ley, sin que pueda prevalecer discriminación alguna por razón de nacimiento, raza, sexo, religión, opinión o cualquier otra condición o circunstancia personal o social?

a) Artículo 9.
b) Artículo 11.
c) Artículo 14.
d) Artículo 18.

2. Según su artículo 1, la LO 3/2007 tiene por objeto hacer efectivo el derecho de:

a) Conciliación de la vida laboral y familiar de mujeres y hombres.
b) Igualdad de trato y de oportunidades entre mujeres y hombres.
c) Participación en los asuntos públicos en igualdad de condiciones.
d) No discriminación por razón de sexo.

3. Las obligaciones establecidas en la LO 3/2007 son de aplicación a:

a) A toda persona, física o jurídica, que se encuentre o actúe en territorio español, cualquiera que fuese su nacionalidad, domicilio o residencia.
b) A todos los ciudadanos españoles, ya sea en territorio español o territorio de cualquier país extranjero.
c) A toda persona, física o jurídica, que se encuentre o actúe en territorio español, con nacionalidad española.
d) A toda persona, física o jurídica, que resida en territorio español, cualquiera que fuese su nacionalidad.

4. El principio de igualdad de trato y de oportunidades entre mujeres y hombres:

a) Sólo se aplica en el ámbito del empleo público.
b) Se garantizará incluso en el acceso al trabajo por cuenta propia.
c) No se aplica en la afiliación y participación en organizaciones sindicales o empresariales.
d) Se garantizará en los términos que prevean los convenios colectivos.

5. La situación en que se encuentra una persona que sea, haya sido o pudiera ser tratada, en atención a su sexo, de manera menos favorable que otra en situación comparable, se considera:

a) Discriminación directa.
b) Acoso sexual.
c) Discriminación indirecta.
d) Violencia de género.

6. En virtud del artículo 6.2 de la LO 3/2007, la situación en que una disposición, criterio o práctica aparentemente neutros pone a personas de un sexo en desventaja particular con respecto a personas del otro:

a) En cualquier caso constituirá discriminación directa.
b) En cualquier caso constituirá discriminación indirecta.
c) No se considera discriminación indirecta si dicha disposición, criterio o práctica pueden justificarse objetivamente en atención a una finalidad legítima y los medios para alcanzar dicha finalidad son necesarios y adecuados.
d) En ningún caso podrá considerarse discriminación.

7. A los efectos de la LO 3/2007, definimos como acoso sexual:

a) Cualquier comportamiento realizado en función del sexo de una persona, con el propósito o el efecto de atentar contra su dignidad y de crear un entorno intimidatorio, degradante u ofensivo.
b) La situación en que una disposición, criterio o práctica aparentemente neutros pone a personas de un sexo en desventaja particular con respecto a personas del otro, salvo que dicha disposición, criterio o práctica puedan justificarse objetivamente en atención a una finalidad legítima y que los medios para alcanzar dicha finalidad sean necesarios y adecuados.
c) Todo trato desfavorable a las mujeres relacionado con el embarazo o la maternidad.
d) Cualquier comportamiento, verbal o físico, de naturaleza sexual que tenga el propósito o produzca el efecto de atentar contra la dignidad de una persona, en particular cuando se crea un entorno intimidatorio, degradante u ofensivo.

8. Según el artículo 8 de la LO 3/2007, todo trato desfavorable a las mujeres relacionado con el embarazo o la maternidad constituye:

a) Acoso sexual.
b) Acoso por razón de sexo.
c) Discriminación directa por razón de sexo.
d) Discriminación indirecta por razón de sexo.

9. Cualquier comportamiento realizado en función del sexo de una persona, con el propósito o el efecto de atentar contra su dignidad y de crear un entorno intimidatorio, degradante u ofensivo, constituye:

a) Discriminación directa.
b) Acoso sexual.
c) Acoso por razón de sexo.
d) Discriminación indirecta.

10. Para prevenir la realización de conductas discriminatorias en los actos y las cláusulas de los negocios jurídicos, el artículo 10 de la LO 3/2007 prevé la existencia de un sistema de sanciones eficaz y:

a) Proporcionado.
b) Comprensible.
c) Cuantificable.
d) Disuasorio.

11. Según el artículo 10 de la LO 3/2007, los actos y las cláusulas de los negocios jurídicos que constituyan o causen discriminación por razón de sexo se considerarán:

a) Válidos, pero anulables.
b) Nulos y sin efecto.
c) Ilegales.
d) Nulos, pero con efectos.

12. Con el fin de hacer efectivo el derecho constitucional de la igualdad, los Poderes Públicos adoptarán medidas específicas en favor de las mujeres para corregir situaciones patentes de desigualdad de hecho respecto de los hombres. Tales medidas, que serán aplicables en tanto subsistan dichas situaciones, habrán de ser en relación con el objetivo perseguido en cada caso razonables y:

a) Justificadas.
b) Autorizadas judicialmente.
c) Transparentes.
d) Proporcionadas.

13. Conforme al artículo 12 de la LO 3/2007, cualquier persona podrá recabar de los tribunales la tutela del derecho a la igualdad entre mujeres y hombres, de acuerdo con lo establecido en el artículo 53.2 de la Constitución:

a) Siempre que la relación en la que supuestamente se produce la discriminación se encuentre vigente.

b) Incluso tras la terminación de la relación en la que supuestamente se ha producido la discriminación.

c) Siempre que se haya dado por terminada la relación en la que supuestamente se produce la discriminación.

d) A menos que se haya procedido a la suspensión de la relación en la que supuestamente se produce la discriminación.

14. La capacidad y la legitimación para intervenir en los procesos civiles, sociales y contencioso-administrativos que versen sobre la defensa del derecho de igualdad entre mujeres y hombres, corresponden a:

a) La persona acosada, únicamente.

b) Cualquier ciudadano.

c) Las personas físicas y jurídicas con interés legítimo.

d) Cualquier persona jurídica.

15. La persona acosada será la única legitimada en los litigios:

a) Sobre discriminación directa.

b) Sobre acoso sexual y acoso por razón de sexo.

c) Sobre acoso sexual únicamente.

d) Únicamente sobre acoso por razón de sexo.

16. Un criterio general de actuación de los Poderes Públicos, según el artículo 14 de la LO 3/2007, es el establecimiento de medidas que aseguren la .... del trabajo y de la vida personal y familiar de las mujeres y los hombres, así como el fomento de la .... en las labores domésticas y en la atención a la familia. Qué dos palabras completan acertadamente la frase anterior:

a) Conciliación y corresponsabilidad.

b) Estabilidad y cooperación.

c) Corresponsabilidad y cooperación.

d) Estabilidad y conciliación.

17. Según el artículo 15 de la LO 3/2007, el principio de igualdad de trato y oportunidades entre mujeres y hombres informará la actuación de todos los Poderes Públicos, con carácter:

a) General.

b) Transversal.

c) Integral.

d) Global.

18. Según el artículo 17 de la LO 3/2007, el Gobierno, en las materias que sean de la competencia del Estado, aprobará un Plan Estratégico de Igualdad de Oportunidades:

a) Anualmente.
b) Bianualmente.
c) Cada cuatro años.
d) Periódicamente.

19. El artículo 18 de la LO 3/2007, exige al Gobierno la elaboración de un informe periódico sobre el conjunto de sus actuaciones en relación con la efectividad del principio de igualdad entre mujeres y hombres. Los términos en que se elaborarán estos informes se determinarán:

a) Por ley orgánica.
b) Por ley.
c) Reglamentariamente.
d) En una ley de bases.

20. El Gobierno dará cuenta del informe sobre el conjunto de sus actuaciones en relación con la efectividad del principio de igualdad entre mujeres y hombres:

a) Al Congreso de los Diputados.
b) A las Cortes Generales.
c) A las asociaciones y organizaciones de mujeres.
d) Al Defensor del Pueblo.

21. Los proyectos de disposiciones de carácter general y los planes de especial relevancia económica, social, cultural y artística que se sometan a la aprobación del Consejo de Ministros deberán incorporar:

a) Un Plan Estratégico de Igualdad de Oportunidades.
b) Una estadística o encuesta que posibilite el conocimiento de las diferencias en los valores, roles, situaciones y condiciones, de mujeres y hombres en el ámbito de acción del proyecto o plan.
c) Un informe periódico sobre el conjunto de sus actuaciones en relación con la efectividad del principio de igualdad entre mujeres y hombres.
d) Un informe sobre su impacto por razón de género.

22. El artículo 20 de la LO 3/2007, establece una serie de medidas obligatorias a las que se someterán los estudios y estadísticas que elaboren los poderes públicos. Cuál de las siguientes es una de dichas medidas:

a) Excluir sistemáticamente la variable de sexo en las estadísticas, encuestas y recogida de datos que lleven a cabo.
b) Realizar muestras lo suficientemente amplias para evitar que las diversas variables incluidas puedan ser explotadas y analizadas en función de la variable de sexo.

c) Explotar los datos de que disponen de modo que se puedan conocer las diferentes situaciones, condiciones, aspiraciones y necesidades de mujeres y hombres en los diferentes ámbitos de intervención.

d) Establecer e incluir en las operaciones estadísticas nuevos indicadores que posibiliten un mejor conocimiento de las similitudes en los valores, roles, situaciones, condiciones, aspiraciones y necesidades de mujeres y hombres.

23. Conforme al artículo 21 de la LO 3/2007, la Administración General del Estado y las Administraciones de las Comunidades Autónomas cooperarán para integrar el derecho de igualdad entre mujeres y hombres en el ejercicio de sus respectivas competencias y, en especial, en sus actuaciones de:

a) Supervisión.
b) Planificación.
c) Regulación.
d) Dirección.

24. Conforme al artículo 22 de la LO 3/2007, las corporaciones locales, con el fin de avanzar hacia un reparto equitativo de los tiempos entre mujeres y hombres, podrán establecer:

a) Planes Municipales de Empleo con perspectiva de género.
b) Ordenanzas de regulación del tiempo.
c) Ordenanzas o Edictos de representación equilibrada en los tiempos de la ciudad.
d) Planes Municipales de organización del tiempo de la ciudad.

25. Conforme al artículo 26 de la LO 3/2007, los distintos organismos, agencias, entes y demás estructuras de las administraciones públicas que de modo directo o indirecto configuren el sistema de gestión cultural, desarrollarán, entre otras actuaciones, la adopción de iniciativas destinadas a favorecer la promoción específica de las mujeres en la cultura y a combatir su discriminación estructural y/o:

a) Difusa.
b) Generacional.
c) Ambigua.
d) Encubierta.

26. Conforme al artículo 16 del Estatuto de Autonomía de Andalucía, las mujeres tienen derecho a una protección contra la violencia de género:

a) Judicial.
b) Asistencial.
c) Efectiva.
d) Integral.

27. Según el artículo 107 del Estatuto de Autonomía de Andalucía, en los nombramientos y designaciones de instituciones y órganos que corresponda efectuar al Parlamento de Andalucía regirá el principio de:

a) No discriminación por razón de sexo.
b) Alternancia de sexos, en cremallera.
c) Presencia equilibrada entre hombres y mujeres.
d) Igualdad de oportunidades.

28. La Ley 12/2007, de 26 de noviembre, para la Promoción de la Igualdad de Género en Andalucía tiene como objetivo principal garantizar la vinculación de los poderes públicos en todos los ámbitos, en el cumplimiento, como instrumento imprescindible para el ejercicio de las competencias autonómicas en clave de género, de:

a) La transversalidad.
b) La humanización de la sociedad.
c) La Agenda 2030.
d) La perspectiva de sexo.

29. Según el artículo 7 de la Ley 12/2007, de 26 de noviembre, para la promoción de la igualdad de género en Andalucía, el Consejo de Gobierno de la Junta de Andalucía formulará un Plan Estratégico para la Igualdad de Mujeres y Hombres en Andalucía, con la participación de:

a) Todas las consejerías.
b) El Gobierno de la Nación.
c) El Parlamento de Andalucía.
d) Las Entidades Locales.

30. Según el artículo 27.5 de la Ley 12/2007, de 26 de noviembre, para la promoción de la igualdad de género en Andalucía, los planes de igualdad:

a) Podrán ser objeto de inscripción voluntaria en registro público conforme a lo dispuesto en la normativa estatal sobre la materia.
b) Serán objeto de inscripción obligatoria en registro público conforme a lo dispuesto en la normativa autonómica sobre la materia.
c) Podrán ser objeto de inscripción voluntaria en registro público conforme a lo dispuesto en la normativa autonómica sobre la materia.
d) Serán objeto de inscripción obligatoria en registro público conforme a lo dispuesto en la normativa estatal sobre la materia.

31. Según el artículo 13 de la Ley 12/2007, de 26 de noviembre, para la promoción de la igualdad de género en Andalucía, la Administración de la Junta de Andalucía incorporará a las bases reguladoras de las subvenciones públicas la valoración de actuaciones de efectiva consecución de la igualdad de género por parte de las entidades solicitantes:

a) En todo caso.
b) Salvo que por Ley, se exima expresamente de tal valoración.
c) Salvo en aquellos casos en que, por la naturaleza de la subvención o de las entidades solicitantes, esté justificada su no incorporación.
d) Salvo que se trate de subvenciones de carácter sectorial.

32. Según el artículo 13.2 de la Ley 12/2007, de 26 de noviembre, para la promoción de la igualdad de género en Andalucía, la Administración de la Junta de Andalucía no formalizará contratos ni subvencionará, bonificará o prestará ayudas públicas a aquellas personas físicas o jurídicas condenadas por alentar o tolerar prácticas laborales consideradas discriminatorias por la legislación vigente, durante un plazo desde la fecha de la condena por sentencia firme, de:

a) 2 años.
b) 3 años.
c) 4 años.
d) 5 años.

33. Conforme al artículo 15.4 de la Ley 12/2007, la Administración educativa andaluza, con el fin de integrar la perspectiva de género en su labor, garantizará que los órganos responsables de la evaluación, calidad e investigación educativa, así como los servicios de apoyo y formación al profesorado, cuenten con personal capacitado específicamente en materia de:

a) Cogobernanza.
b) Coenseñanza.
c) Cooperación.
d) Coeducación.

34. Conforme al artículo 16 de la Ley 12/2007, la Consejería competente en materia de educación creará una comisión de personas expertas en coeducación, para el seguimiento del lenguaje, de las imágenes y de los contenidos de los materiales curriculares y los libros de texto que se utilicen en el ámbito del sistema educativo de Andalucía. Esta comisión emitirá un informe anual, que remitirá para su conocimiento a:

a) La Consejería competente en materia de igualdad.
b) El Instituto Andaluz de la Mujer.
c) La Comisión Interdepartamental para la Igualdad de Mujeres y Hombres en Andalucía.
d) El Consejo Andaluz de Participación de las Mujeres.

35. Según el artículo 18.2 de la Ley 12/2007, en el Consejo Escolar de Andalucía participará una persona en representación de:

a) El Instituto Andaluz de la Mujer.
b) La Consejería competente en materia de igualdad.
c) El Consejo Andaluz de Participación de las Mujeres.
d) Las asociaciones para la promoción de la igualdad de género.

36. Según el artículo 26 bis de la Ley 12/2007, la Consejería competente en materia de empleo realizará anualmente estudios que permitan analizar las diferencias retributivas entre mujeres y hombres en las empresas y sectores de Andalucía, sus causas y su evolución en el tiempo, con el fin de diseñar políticas e incentivos que permitan erradicar estas situaciones. De los estudios se dará traslado, para su conocimiento, a:

a) La Consejería competente en materia de igualdad.
b) El Parlamento de Andalucía.
c) El Consejo Andaluz de Participación de las Mujeres.
d) El Instituto Andaluz de la Mujer.

37. Según el artículo 31 de la Ley 12/2007, las ofertas públicas de empleo de la Administración de la Junta de Andalucía:

a) Incluirán plazas a ocupar por mujeres víctimas de violencia de género.
b) Deberán ir acompañadas de la evaluación del impacto por razón de género que se incluirá en la MAIN.
c) Garantizarán la presencia equilibrada de mujeres y hombres en las plazas ofertadas.
d) Deberán incorporar medidas de acción positiva para la incorporación de mujeres.

38. La aplicación de la Ley Orgánica 1/2004, de 28 de diciembre:

a) No supone la existencia necesariamente de convivencia entre la víctima y el agresor.
b) Supone que en algún momento anterior haya existido convivencia entre la víctima y el agresor,
c) Supone la convivencia, al menos en el momento del hecho, entre la víctima y el agresor.
d) Supone siempre la inexistencia de convivencia entre la víctima y el agresor.

39. Las medidas de protección integral de la Ley Orgánica 1/2004, de 28 de diciembre:

a) No tienen finalidad sancionadora.
b) Su finalidad es esencialmente reparadora.
c) Tienen finalidad previsora y sancionadora.
d) Tienen finalidad prioritariamente sancionadora.

40. La violencia de género a que se refiere la Ley Orgánica 1/2004, de 28 de diciembre:

a) Incluye las amenazas y las coacciones.

b) Incluye las amenazas y las coacciones solo cuando vayan acompañadas o seguidas de privación de libertad.

c) Incluye las amenazas, pero no las coacciones salvo que vayan seguidas de hechos violentos.

d) Incluye las coacciones pero no las amenazas salvo que vayan seguidas de hechos violentos.

41. Conforme al artículo 3 de la LO 1/2004, el Plan Nacional de Sensibilización y Prevención de la Violencia de Género debe dirigirse tanto a hombres como a mujeres desde un trabajo comunitario y:

a) Multidisciplinar.

b) Integral.

c) Complementario.

d) Intercultural.

42. Conforme al artículo 3 de la LO 1/2004, con el fin de prevenir la violencia de género, en el marco de sus competencias, los poderes públicos deben impulsar:

a) Cursos de información y sensibilización.

b) Campañas de información y sensibilización.

c) Programas de información y sensibilización.

d) Jornadas de información y sensibilización.

43. La Ley Orgánica de Medidas de Protección integral contra la Violencia de Género, determina que desarrollar actividades en la resolución pacífica de conflictos y fomentar el respeto a la dignidad de las personas y a la igualdad entre hombres y mujeres, estará incluido entre los objetivos de:

a) La Educación Secundaria Obligatoria.

b) El Bachillerato y la Formación Profesional.

c) Las Universidades.

d) La enseñanza para las personas adultas.

44. Cuando las víctimas de violencia de género careciesen de rentas superiores, en cómputo mensual, al 75 por 100 del salario mínimo interprofesional, excluida la parte proporcional de dos pagas extraordinarias, recibirán una ayuda de pago único, siempre que se presuma que debido a su edad, falta de preparación general o especializada y circunstancias sociales, la víctima tendrá especiales dificultades para obtener un empleo y por dicha circunstancia no participará en los programas de empleo establecidos para su inserción profesional. El importe de esta ayuda será equivalente:

a) Al de 3 meses de subsidio por desempleo.

b) Al de 6 meses de subsidio por desempleo.

c) Al de 9 meses de subsidio por desempleo.
d) Al de 12 meses de subsidio por desempleo.

45. A las trabajadoras por cuenta propia víctimas de violencia de género que cesen en su actividad para hacer efectiva su protección o su derecho a la asistencia social integral, se les suspenderá la obligación de cotización durante un período que les será considerado como de cotización efectiva a efectos de las prestaciones de Seguridad Social, de:

a) 6 meses.
b) 9 meses.
c) 1 año.
d) 18 meses.

46. Los derechos reconocidos por la Ley 13/2007, de 26 de noviembre, de Medidas de Prevención y Protección Integral contra la Violencia de Género, de la Comunidad Autónoma de Andalucía, se garantizan:

a) Con independencia de la vecindad civil, siempre que la víctima se encuentre en el territorio andaluz.
b) Siempre que la víctima tenga la vecindad andaluza con independencia del lugar del territorio nacional en que se encontrara en el momento de los hechos.
c) Solo cuando la vecindad civil de la víctima sea andaluza y se encuentre en el territorio andaluz en el momento que sucedieron los hechos.
d) Solo cuando la vecindad civil de la víctima sea andaluza y se encuentre en el territorio andaluz.

47. El Plan integral de sensibilización y prevención contra la violencia de género en Andalucía:

a) Será coordinado por la Consejería competente en materia de violencia de género.
b) Se aprobará periódicamente, determinándose dicho periodo reglamentariamente.
c) Será coordinado por la Consejería competente en materia de violencia de género y participarán todas las demás Consejerías.
d) Será aprobado por el Parlamento de Andalucía.

48. Según el artículo 4 de la Ley 13/2007, la actuación de los poderes públicos de Andalucía tendente a la erradicación de la violencia de género deberá inspirarse, entre otros, en el principio de adopción de medidas que garanticen los derechos de las mujeres víctimas de violencia de género, de acuerdo con los principios de universalidad, accesibilidad, proximidad, confidencialidad de las actuaciones, protección de los datos personales, tutela y acompañamiento en los trámites procedimentales y respeto a su capacidad de:

a) Organización.
b) Ejecución.
c) Evaluación.
d) Decisión.

49. El Observatorio Andaluz de la Violencia de Género es un órgano colegiado, de composición interdepartamental, con participación administrativa y social y funciones asesoras y de evaluación de las políticas y medidas tomadas para prevenir y combatir todas las formas de violencia incluidas en la Ley 13/2007, procediendo a su análisis y:

a) Difusión.
b) Control.
c) Arbitraje.
d) Normalización.

50. La finalidad esencial de la estrategia de comunicación del Plan integral de sensibilización y prevención contra la violencia de género en Andalucía es:

a) Sensibilizar a mujeres y hombres, modificar los modelos y actitudes, mitos y prejuicios sexistas y concienciar a la sociedad sobre la violencia de género como una problemática social que atenta contra nuestro sistema de valores.
b) La detección, atención y prevención de la violencia de género, prestando una especial consideración a los grupos de mujeres más vulnerables.
c) La sensibilización con programas y actuaciones de prevención de todas las formas de violencia y desigualdades de género dirigidos a la población masculina, con especial incidencia entre los jóvenes, insistiendo en la necesidad de promover una sociedad más igualitaria entre mujeres y hombres.
d) Incidir, desde la etapa infantil hasta los niveles superiores, en la igualdad entre mujeres y hombres y en el respeto de los derechos y libertades fundamentales, dotando de los instrumentos que permitan la detección precoz de la violencia de género, incluyendo la coeducación de manera transversal y la educación afectivo-sexual de acuerdo con el desarrollo evolutivo de los niños y niñas.

51. Conforme al artículo 26 de la Ley 13/2007, las Administraciones públicas de Andalucía, en el ámbito de sus competencias, deberán garantizar a las mujeres víctimas de violencia de género el derecho a recibir en cualquier momento ...., asesoramiento y atención adecuada a su situación personal y necesidades específicas. Señala la palabra que falta:

a) Protección.
b) Tutela.
c) Información.
d) Acompañamiento.

52. El artículo 29 de la Ley 13/2007 dispone la obligación de la Administración de la Junta de Andalucía, respecto a hijos e hijas y de menores a su cargo, que se vean afectados por un cambio de residencia como consecuencia de la violencia de género, de garantizar:

a) La adaptación al medio.
b) La protección social.

c) La atención psicológica.
d) La escolarización inmediata.

53. Según el artículo 30 de la Ley 13/2007, en los casos de acoso sexual y por razón de sexo en el ámbito laboral, la acreditación de la situación de violencia de género para el reconocimiento de derechos regulados en esta ley y los que deriven de su desarrollo reglamentario, se realizará a través de:

a) Informe del empresario o jefe directo de la víctima.
b) Informe de los Servicios de Prevención de la empresa.
c) Informe de la Inspección de Trabajo y de la Seguridad Social.
d) Declaración jurada de la víctima.

54. Para garantizar la ordenación de sus actuaciones en la prevención, asistencia y persecución de los actos de violencia de género, que deberán implicar a las Administraciones sanitarias, la Administración de justicia, las Fuerzas y Cuerpos de Seguridad y los servicios sociales y organismos de igualdad; el artículo 31 de la Ley 13/2007 encomienda a los poderes públicos la elaboración de planes de:

a) Emergencia.
b) Protección Civil.
c) Seguridad Personal.
d) Colaboración.

55. El artículo 37 de la Ley 13/2007 prevé la organización, por la Consejería que ostente las competencias en materia de Justicia, de las unidades de valoración integral de violencia de género, a través de:

a) La Policía Judicial.
b) Los Institutos de Medicina Legal.
c) Los Juzgados de Instrucción.
d) Los Juzgados de Violencia sobre la Mujer.

56. Ofrecen una acogida temporal a las mujeres y menores que las acompañen, garantizándoles una atención integral multidisciplinar, para que las mujeres sean capaces de recuperarse de los efectos de la violencia padecida:

a) Los centros de emergencia.
b) Las casas de acogida.
c) Las residencias públicas.
d) Los pisos tutelados.

57. Según su artículo 2, la Ley 4/2023 será de aplicación:

a) A toda persona física, de carácter público, que resida en territorio español, cualquiera que fuera su nacionalidad, origen racial o étnico, religión, domicilio, residencia, edad, estado civil o situación administrativa, en los términos y con el alcance que se contemplan en esta ley y en el resto del ordenamiento jurídico.

b) A toda persona física o jurídica, de carácter público o privado, que resida, se encuentre o actúe en territorio español, de nacionalidad española, en los términos y con el alcance que se contemplan en esta ley y en el resto del ordenamiento jurídico.

c) A toda persona física, de carácter público o privado, que resida o se encuentre o actúe en territorio español, cualquiera que fuera su nacionalidad, origen racial o étnico, religión, domicilio, residencia, edad, estado civil o situación administrativa, en los términos y con el alcance que se contemplan en esta ley.

d) A toda persona física o jurídica, de carácter público o privado, que resida, se encuentre o actúe en territorio español, cualquiera que fuera su nacionalidad, origen racial o étnico, religión, domicilio, residencia, edad, estado civil o situación administrativa, en los términos y con el alcance que se contemplan en esta ley y en el resto del ordenamiento jurídico.

58. El objeto de la Ley para la igualdad real y efectiva de las personas trans y para la garantía de los derechos de las personas LGTBI es:

a) La ordenación de las políticas públicas y la regulación de estructuras, recursos y servicios en favor de la rectificación pública de este colectivo.

b) Garantizar y promover el derecho a la igualdad real y efectiva de las personas lesbianas, gais, trans, bisexuales e intersexuales, así como de sus familias.

c) Armonizar los requisitos para el reconocimiento de la condición efectiva de las personas pertenecientes a la comunidad LGTBI.

d) Definir el instrumento principal de colaboración entre las distintas comunidades y colectivos para lograr el respeto hacia la comunidad LGTBI.

59. Se produce cuando una disposición, criterio o práctica aparentemente neutros ocasiona o puede ocasionar a una o varias personas una desventaja particular con respecto a otras por razón de orientación sexual, e identidad sexual, expresión de género o características sexuales. Nos referimos a:

a) Discriminación directa.
b) Discriminación interseccional.
c) Discriminación indirecta.
d) Discriminación por error.

60. ¿Cómo se denomina a la condición de aquellas personas nacidas con unas características biológicas, anatómicas o fisiológicas, una anatomía sexual, unos órganos reproductivos o un patrón cromosómico que no se corresponden con las nociones socialmente establecidas de los cuerpos masculinos o femeninos?

a) Orientación sexual indefinida.
b) Identidad sexual neutra.
c) Expresión de género abierta.
d) Intersexualidad.

61. Cualquier conducta realizada por razón de alguna de las causas de discriminación previstas en la Ley 4/2023, con el objetivo o la consecuencia de atentar contra la dignidad de una persona o grupo en que se integra y de crear un entorno intimidatorio, hostil, degradante, humillante u ofensivo, es denominada:

a) Acoso discriminatorio.
b) Discriminación por asociación.
c) LGTBIfobia.
d) Discriminación directa.

62. La bifobia es toda actitud, conducta o discurso de rechazo, repudio, prejuicio, discriminación o intolerancia hacia las personas:

a) Homosexuales.
b) Heterosexuales.
c) Transexuales.
d) Bisexuales.

63. ¿Cuál es el órgano de participación ciudadana en materia de derechos y libertades de las personas LGTBI?

a) La Comisión Paritaria de las Personas LGTBI.
b) El Consejo de Participación de las Personas LGTBI.
c) La Secretaría de Igualdad y contra la Violencia de Género.
d) El Consejo para la liberación LGTBI.

64. Las medidas de protección frente a la discriminación y la violencia por causas previstas en la Ley 4/2023, que serán adoptadas por las administraciones públicas, en el ámbito de sus competencias, concentran sus esfuerzos en:

a) La erradicación de situaciones discriminativas.
b) El conocimiento de supuestos de discriminación.
c) La prevención y detección de tales situaciones.
d) La intervención frente a la discriminación y la violencia.

65. Según el artículo 10.3 de la Ley 4/2023, la Estrategia estatal para la igualdad de trato y no discriminación de las personas LGTBI tendrá carácter:

a) Anual.
b) Bianual.
c) Trianual.
d) Cuatrienal.

Solución al test n.º 2

1. c) Artículo 14.

2. b) Igualdad de trato y de oportunidades entre mujeres y hombres.

3. a) A toda persona, física o jurídica, que se encuentre o actúe en territorio español, cualquiera que fuese su nacionalidad, domicilio o residencia.

4. b) Se garantizará incluso en el acceso al trabajo por cuenta propia.

5. a) Discriminación directa.

6. c) No se considera discriminación indirecta si dicha disposición, criterio o práctica pueden justificarse objetivamente en atención a una finalidad legítima y los medios para alcanzar dicha finalidad son necesarios y adecuados.

7. d) Cualquier comportamiento, verbal o físico, de naturaleza sexual que tenga el propósito o produzca el efecto de atentar contra la dignidad de una persona, en particular cuando se crea un entorno intimidatorio, degradante u ofensivo.

8. c) Discriminación directa por razón de sexo.

9. c) Acoso por razón de sexo.

10. d) Disuasorio.

11. b) Nulos y sin efecto.

12. d) Proporcionadas.

13. b) Incluso tras la terminación de la relación en la que supuestamente se ha producido la discriminación.

14. c) Las personas físicas y jurídicas con interés legítimo.

15. b) Sobre acoso sexual y acoso por razón de sexo.

16. a) Conciliación y corresponsabilidad.

17. b) Transversal.

18. d) Periódicamente.

19. c) Reglamentariamente.

20. b) A las Cortes Generales.

21. d) Un informe sobre su impacto por razón de género.

22. c) Explotar los datos de que disponen de modo que se puedan conocer las diferentes situaciones, condiciones, aspiraciones y necesidades de mujeres y hombres en los diferentes ámbitos de intervención.

23. b) Planificación.

24. d) Planes Municipales de organización del tiempo de la ciudad.

25. a) Difusa.

26. d) Integral.

27. c) Presencia equilibrada entre hombres y mujeres.

28. a) La transversalidad.

29. d) Las Entidades Locales.

30. d) Serán objeto de inscripción obligatoria en registro público conforme a lo dispuesto en la normativa estatal sobre la materia.

31. c) Salvo en aquellos casos en que, por la naturaleza de la subvención o de las entidades solicitantes, esté justificada su no incorporación.

32. d) 5 años.

33. d) Coeducación.

34. d) El Consejo Andaluz de Participación de las Mujeres.

35. a) El Instituto Andaluz de la Mujer.

36. c) El Consejo Andaluz de Participación de las Mujeres.

37. b) Deberán ir acompañadas de la evaluación del impacto por razón de género que se incluirá en la MAIN.

38. a) No supone la existencia necesariamente de convivencia entre la víctima y el agresor.

39. c) Tienen finalidad previsora y sancionadora.

40. a) Incluye las amenazas y las coacciones.

41. d) Intercultural.

42. b) Campañas de información y sensibilización.

43. d) La enseñanza para las personas adultas.

44. b) Al de 6 meses de subsidio por desempleo.

45. a) 6 meses.

46. a) Con independencia de la vecindad civil, siempre que la víctima se encuentre en el territorio andaluz.

47. a) Será coordinado por la Consejería competente en materia de violencia de género.

48. d) Decisión.

49. a) Difusión.

50. a) Sensibilizar a mujeres y hombres, modificar los modelos y actitudes, mitos y prejuicios sexistas y concienciar a la sociedad sobre la violencia de género como una problemática social que atenta contra nuestro sistema de valores.

51. c) Información.

52. d) La escolarización inmediata.

53. c) Informe de la Inspección de Trabajo y de la Seguridad Social.

54. d) Colaboración.

55. b) Los Institutos de Medicina Legal.

56. b) Las casas de acogida.

57. d) A toda persona física o jurídica, de carácter público o privado, que resida, se encuentre o actúe en territorio español, cualquiera que fuera su nacionalidad, origen racial o étnico, religión, domicilio, residencia, edad, estado civil o situación administrativa, en los términos y con el alcance que se contemplan en esta ley y en el resto del ordenamiento jurídico.

58. b) Garantizar y promover el derecho a la igualdad real y efectiva de las personas lesbianas, gais, trans, bisexuales e intersexuales, así como de sus familias.

59. c) Discriminación indirecta.

60. d) Intersexualidad.

61. a) Acoso discriminatorio.

62. d) Bisexuales.

63. b) El Consejo de Participación de las Personas LGTBI.

64. c) La prevención y detección de tales situaciones.

65. d) Cuatrienal.

MATERIAS ESPECÍFICAS

TEST N.º 1

Carga, traslado, descarga y almacenamiento de productos (víveres, limpieza, agrícolas) y plantas. Prevención de riesgos laborales y medidas de seguridad

1. El almacenamiento de los productos sueltos, es decir, de aquellos que no están estructurados en forma de unidades de carga, se llama:

a) Almacenamiento en bloque.
b) Almacenamiento a granel.
c) Almacenamiento desordenado.
d) Almacenamiento caótico.

2. ¿Cuál de los siguientes métodos de almacenamiento permite un índice de optimización del espacio empleado del almacén del 100 %?

a) Almacenamiento en bloque mediante estanterías móviles.
b) Almacenamiento con pasillos utilizando carretillas trilaterales.
c) Almacenamiento con pasillos utilizando carretillas elevadoras contrapesadas.
d) Almacenamiento en bloque compacto.

3. La altura máxima de almacenamiento de materiales rígidos lineales es:

a) 3 metros.
b) 6 metros.
c) 10 metros.
d) 12 metros.

4. La altura máxima de carga sobre palet debe ser de:

a) 1,5 metros.
b) 3 metros.
c) 3,5 metros.
d) 6 metros.

5. La carga máxima conjunta recomendada en el almacenamiento mediante paletizado es:

a) 300 kg.
b) 500 kg.
c) 700 kg.
d) 1000 kg.

6. ¿Cuáles son los dos tipos de sistemas de almacenamiento en estanterías metálicas?

a) Almacenamiento cruzado y almacenamiento lineal.
b) Almacenamiento vertical y almacenamiento horizontal.
c) Almacenamiento rígido y almacenamiento flexible.
d) Almacenamiento móvil y almacenamiento estático.

7. No es un elemento del bastidor de una estantería metálica:

a) Puntal.
b) Diagonal.
c) Travesaño.
d) Placa base.

8. No es un paso recomendado para levantar una carga:

a) Planificar el levantamiento.
b) Agarre firme.
c) Evitar giros.
d) Levantamiento rápido.

9. Un instrumento manual con horquillas que eleva la carga unos pocos centímetros, lo justo para moverla, es:

a) El apilador.
b) La transpaleta.
c) La carretilla.
d) La plataforma con ruedas.

10. Un polipasto es:

a) Un sistema de poleas.
b) Una carretilla.
c) Un apilador.
d) Una transpaleta.

11. Respecto a la inclinación del tronco en la manipulación manual de cargas, es correcto afirmar que:

a) La manipulación de una carga vigilando el centro de gravedad disminuye el riesgo de lesión en la zona.
b) La postura correcta al manejar una carga es con el tronco inclinado.
c) La postura correcta al manejar una carga es con la espalda derecha.
d) La técnica de levantamiento de la carga no afecta para una correcta manipulación.

12. En general, el peso máximo que se recomienda no sobrepasar en la manipulación manual de cargas es de:

a) 25 kg.
b) 30 kg.
c) 50 kg.
d) 20 kg.

13. Unas condiciones ideales de manipulación manual de cargas incluyen:

a) Levantamientos rápidos y continuados.
b) Espalda inclinada hacia delante.
c) Manejo de la carga sin giros ni inclinaciones.
d) Sujeción del objeto con una posición de la muñeca en ángulo de 90º.

14. En relación con la manipulación manual de cargas, la primera obligación del empresario es:

a) La formación e información de los trabajadores.
b) La vigilancia de la salud.
c) Evaluar los riesgos.
d) Evitar la manipulación manual.

15. A efectos prácticos, la Guía Técnica para la evaluación y prevención de los riesgos derivados de la manipulación manual de cargas considera carga a los objetos de:

a) Más de 1 kg.
b) Más de 3 kg.
c) Más de 5 kg.
d) Menos de 60 kg.

16. El riesgo de lesión será menor:

a) Cuanto más alejada esté la carga del cuerpo.
b) Cuanto más se gire el tronco.

c) Cuanto menor sea la frecuencia de la manipulación.

d) Cuanto menor sea el tiempo de descanso entre manipulaciones.

17. La Guía Técnica para la evaluación y prevención de los riesgos derivados de la manipulación manual de cargas recomienda que la profundidad de la carga no supere:

a) Los 25 cm.

b) Los 35 cm.

c) Los 60 cm.

d) Los 90 cm.

18. Según la Guía Técnica para la evaluación y prevención de los riesgos derivados de la manipulación manual de cargas, desde el punto de vista preventivo, lo ideal es no transportar la carga una distancia superior a:

a) 1 metro.

b) 3 metros.

c) 5 metros.

d) 10 metros.

19. Cuando los trayectos de manipulación manual de cargas no superan los 10 metros, el peso máximo acumulado transportado en una jornada de 8 horas de trabajo será de:

a) 3.000 kg.

b) 6.000 kg.

c) 10.000 kg.

d) 12.000 kg.

20. Se recomienda que en locales interiores el rango de temperaturas para trabajos ligeros se encuentre entre:

a) 10º y 30º.

b) 14º y 25º.

c) 5º y 35º.

d) 20º y 24º.

21. ¿Cuál de las siguientes acciones en la manipulación manual de cargas es correcta?

a) Doblar las piernas manteniendo en todo momento la espalda derecha, y mantener el mentón metido. No flexionar demasiado las rodillas.

b) Juntar los pies para proporcionar una postura estable y equilibrada para el levantamiento.

c) Girar el tronco antes de cambiar de dirección.

d) Sujetar firmemente la carga empleando ambas manos y separarla del cuerpo.

22. Según la Guía Técnica para la evaluación y prevención de los riesgos derivados de la manipulación manual de cargas, aquellas cargas sin asas que pueden sujetarse flexionando la mano 90º alrededor de la carga, se consideran de:

a) Agarre óptimo.
b) Agarre bueno.
c) Agarre regular.
d) Agarre malo.

23. El desplazamiento vertical ideal de una carga es de:

a) Hasta 25 cm.
b) Hasta 50 cm.
c) Hasta 100 cm.
d) Hasta 175 cm.

24. Cuando se maneja una carga entre dos personas la capacidad de levantamiento es:

a) La suma de sus capacidades individuales.
b) Dos tercios de la mayor de las capacidades de los dos trabajadores.
c) Dos tercios de la suma de sus capacidades individuales.
d) La mitad de la suma de sus capacidades individuales.

25. La Guía Técnica recomienda que no se deberían manipular cargas en postura sentada (siempre que sea en una zona próxima al tronco, evitando manipular cargas a nivel del suelo o por encima del nivel de los hombros y giros e inclinaciones del tronco) de más de:

a) 3 kilos.
b) 5 kilos.
c) 10 kilos.
d) 15 kilos.

26. El stock de un almacén es:

a) La cantidad de mercancías que se tienen en depósito.
b) La variedad, o referencias, o artículos que tiene una empresa.
c) La cantidad de bienes adquiridos por la empresa destinados a la venta sin transformación.
d) El sistema de control que la empresa realiza sobre el tráfico de las existencias.

27. Las existencias que se almacenan debido a que no es posible predecir siempre con exactitud el programa de ventas y producción de un producto determinado, constituyen un:

a) Stock de anticipación.
b) Stock por fluctuación.

c) Stock sobrante.
d) Stock por tamaño de lote.

28. ¿Cuál de los siguientes métodos de valoración de existencias se basa en costes históricos?

a) FIFO.
b) LIFO.
c) PMP.
d) NIFO.

29. El documento que expide el comprador cuando solicita productos al proveedor es:

a) El albarán.
b) El pedido.
c) La factura.
d) La nota de abono.

30. El documento que acredita la entrega de un pedido, sin necesidad de indicar la cantidad a pagar como contraprestación, es:

a) El albarán.
b) El pedido.
c) La factura.
d) La nota de abono.

31. Señalar la opción incorrecta. Se entiende como autoprotección al sistema de acciones y medidas encaminadas a:

a) Prevenir y controlar los riesgos sobre las personas y los bienes.
b) Dar respuesta adecuada a las posibles situaciones de emergencia.
c) Garantizar la integración de estas actuaciones con el sistema público de protección civil.
d) Formar al personal sobre el desempeño de sus funciones.

32.¿Quién es el responsable de activar el Plan de Actuación en Emergencias?

a) El titular de la actividad, si es una persona física, o la persona que le represente si es una persona jurídica.
b) La autoridad competente de Protección Civil.
c) El Delegado de Prevención.
d) El Director del propio Plan de Actuación en Emergencias.

33. A efectos de la Norma Básica de Autoprotección, se entiende por alarma:

a) El aviso o señal por la que se informa a las personas para que sigan instrucciones específicas ante una situación de emergencia.

b) El conjunto de operaciones o tareas que puedan dar origen a accidentes o sucesos que generen situaciones de emergencia.

c) La situación declarada con el fin de tomar precauciones específicas debido a la probable y cercana ocurrencia de un suceso o accidente.

d) La respuesta a la emergencia, para proteger y socorrer a las personas y los bienes.

34. El aviso o señal por la que se informa a las personas para que sigan instrucciones específicas ante una situación de emergencia, es:

a) Alerta.
b) Detección.
c) Alarma.
d) Auxilio.

35. Ante una situación de emergencia, el trabajador debe:

a) Seguir trabajando mientras pueda.
b) Dirigirse, ya en el exterior, a un punto de reunión.
c) Quedarse en los lavabos o lugares cerrados.
d) Confiar, sobre todo, en su instinto.

36. Aquella situación en la que los parámetros definidores del riesgo, evidencian que la materialización del mismo, puede ser inminente, se denomina:

a) Preemergencia.
b) Conato.
c) Emergencia parcial.
d) Emergencia primaria.

37. Aquella situación que puede ser controlada y solucionada de forma sencilla y rápida por el personal y medios de protección del local, dependencias o sector, se llama:

a) Preemergencia.
b) Conato de emergencia.
c) Emergencia parcial.
d) Emergencia primaria.

38. Aquella situación que, para ser dominada, requiere la actuación de equipos especiales del sector, se denomina:

a) Emergencia sectorial.
b) Emergencia básica.

c) Preemergencia.
d) Emergencia parcial.

39. A quién corresponde establecer la situación de emergencia en función del nivel de gravedad:

a) Al Jefe de Intervención.
b) Al Director del Plan de Actuación.
c) Al responsable de los Servicios Públicos de Extinción de Incendios y Salvamento.
d) Al Director del Plan de Autoprotección.

40. En un plan de autoprotección, ¿a qué se denominan "Equipos de Primera Intervención" (EPI)?

a) Son los que en una situación de emergencia organizan en primer lugar la evacuación del edificio a la espera de las instrucciones del Jefe de Emergencia.
b) Son los que en una situación de emergencia acuden al lugar donde se haya producido la emergencia para intentar su control y poner en funcionamiento el sistema de alarma.
c) También llamados Equipos de Protección Individual, incluyen cualquier equipo destinado a ser llevado o sujetado por el trabajador para que le proteja de los riesgos para su seguridad y salud laboral.
d) Son las brigadas contra incendios que actúan cuando la emergencia se considera grave.

41. Asume la dirección y coordinación de los equipos de emergencia en el lugar del accidente:

a) El Jefe de Intervención.
b) El Director del Plan de Actuación.
c) El responsable de los Servicios Públicos de Extinción de Incendios y Salvamento.
d) El Director del Plan de Autoprotección.

42. Su misión es asegurar una evacuación total y ordenar su sector y/o establecimiento y garantizar que se ha dado la alarma. Nos referimos a:

a) El Equipo de Primeros Auxilios (EPA).
b) El Equipo de Segunda Intervención (ESI).
c) El Equipo de Primera Intervención (EPI).
d) El Equipo de Alarma y Evacuación (EAE).

43. Las salidas del establecimiento, planta o inmueble tendrán una señal con el rótulo "SALIDA", excepto en edificios de uso Residencial Vivienda y, en otros usos, cuando se trate de salidas de recintos que sean fácilmente visibles y cuya superficie no exceda de:

a) 50 m².
b) 100 m².
c) 200 m².
d) 400 m².

44. Deben disponerse señales indicativas de dirección de los recorridos, visibles desde todo origen de evacuación desde el que no se perciban directamente las salidas o sus señales indicativas y en particular, frente a toda salida de un recinto, que acceda lateralmente a un pasillo, y que tenga una ocupación mayor de:

a) 50 personas.
b) 100 personas.
c) 140 personas.
d) 200 personas.

45. Las señales de salida de uso habitual o de emergencia, cuando la distancia de observación esté comprendida entre 20 y 30 metros, tendrán un tamaño de:

a) 210 x 210 mm.
b) 420 x 420 mm.
c) 594 x 594 mm.
d) 360 x 360 mm.

46. El lugar físico desde donde el Director del Plan de Actuación en Emergencias dirige la resolución de la misma, es:

a) El Centro de Control.
b) El Lugar de reunión.
c) El Centro directivo.
d) La Zona de Refugio.

47. El emplazamiento de los extintores permitirá que sean fácilmente visibles y accesibles, estarán situados próximos a los puntos donde se estime mayor probabilidad de iniciarse el incendio, a ser posible próximos a las salidas de evacuación y preferentemente sobre soportes fijados a paramentos verticales, de modo que la parte superior del extintor quede, como máximo, a:

a) 1,20 metros sobre el suelo.
b) 1,70 metros sobre el suelo.
c) 1 metro sobre el suelo.
d) Ninguna de las respuestas es correcta.

48. Las bocas de incendio equipadas (BIE) se situarán, siempre que sea posible, a una distancia máxima de la salida de cada sector, de:

a) 5 metros.
b) 10 metros.
c) 15 metros.
d) 20 metros.

49. La separación máxima entre cada boca de incendio equipada (BIE) y su más cercana será de:

a) 10 metros.
b) 25 metros.
c) 50 metros.
d) 75 metros.

50. Según el Real Decreto 513/2017, de 22 de mayo, por el que se aprueba el Reglamento de instalaciones de protección contra incendios y la norma UNE-EN2, para un fuego de clase C, utilizaremos un agente extintor:

a) Específico para fuegos de metales.
b) Específico para fuegos de materiales sólidos, generalmente de naturaleza orgánica, cuya combinación se realiza normalmente por la formación de brasas.
c) Específico para fuegos de gases.
d) Específico para fuegos de líquidos o de sólidos licuables.

51. ¿Qué medidas tiene el europalé o palé europeo estándar?

a) 500 x 1000 mm.
b) 600 x 1100 mm.
c) 800 x 1200 mm.
d) 800 x 1300 mm.

52. ¿Cómo se denomina el equipo empleado para la carga, descarga y traslado de materiales paletizados?

a) Carro de plataforma elevadora.
b) Transpaleta.
c) Cabrestante.
d) Volteador.

53. ¿Qué nombre recibe el equipo simple consistente en un cilindro que lleva adosada en la prolongación de su eje y fuera de los puntos de sustentación la manivela de accionamiento manual, utilizado para la elevación de cargas?

a) Torno o cabestrante.
b) Polea compuesta.
c) Polea simple.
d) Volteador.

54. La configuración más común de polea compuesta es:

a) La garrucha.
b) La cabria.
c) El chavetero.
d) El polipasto.

55. Las carretillas elevadoras contrapesadas basan su acción en el principio de la palanca de primer grado, en la cual un peso llamado potente es capaz de elevar otro peso llamado resistente apoyándose en un punto intermedio denominado:

a) Llanta.
b) Fulcro.
c) Brazo de apoyo.
d) Brazo de resistencia.

56. ¿Con qué nombre se conoce a los aparatos mecánicos que son capaces de elevar y transportar cargas a través de estrechísimos pasillos y a una gran velocidad?

a) Apiladores.
b) Transelevadoras.
c) Carretillas contrapesadas.
d) Transpaletas.

57. En función de tipos, marcas, modelos y capacidades, el ancho de pasillo de una carretilla trilateral oscila:

a) Entre 1.500 y 1.700 mm
b) Entre 1.600 y 1.800 mm
c) Entre 1.700 y 1.900 mm
d) Entre 1.800 y 2.000 mm

58. Cubrir un objeto total, o parcialmente con algún material como papel, tela o plástico, se denomina:

a) Embalar.
b) Empaquetar.
c) Envolver.
d) Enfardar.

59. ¿Qué tipo de film plástico de gran brillo y transparencia es utilizado para retractilar?

a) Poliofelina.
b) Polipropileno.
c) Policloruro de vinilo o PVC.
d) Polietileno.

60. ¿Qué material plástico se utiliza para fabricar espumas para amortiguación del material empaquetado?

a) Policloruro de vinilo.
b) Poliofelina.
c) Polipropileno.
d) Polietileno de alta densidad.

61. ¿Qué nombre reciben las planchas de cartón compacto que permiten el apilamiento de botellas?

a) Espumas de polietileno.
b) Espumas de poliuretano.
c) Intercaladores.
d) Relleno de porex.

62. ¿Qué material en forma de bolitas o "S" de pequeño tamaño se utiliza para rellenar las cajas y proteger así su contenido:

a) El policloruro de vinilo.
b) La espuma de polietileno.
c) El pórex.
d) La espuma de poliuretano.

63. El único sistema que permite un llenado al 100 % de un almacén es el del:

a) Almacenamiento desordenado.
b) Almacenamiento ordenado.
c) Almacenamiento a granel.
d) Almacenamiento en bloque.

64. El almacenamiento de materiales rígidos lineales se suele hacer a una altura máxima de:

a) 10 metros.
b) 8 metros.
c) 6 metros.
d) 3 metros.

65. En el almacenamiento mediante paletizado la altura máxima de carga sobre palé debe ser de:

a) 5 metros.
b) 3 metros.
c) 2 metros.
d) 1,5 metros.

66. En el almacenamiento mediante paletizado la carga máxima conjunta recomendada debe ser de:

a) 1000 kg.
b) 700 kg.
c) 500 kg.
d) 350 kg.

67. ¿Cuál es el primer paso en el proceso de adquisición de los suministros?

a) El procedimiento administrativo de contratación.
b) La previsión de aprovisionamientos.
c) La petición de material.
d) La planificación de adquisiciones.

68. ¿Cómo define el Plan General Contable a los "activos poseídos para ser vendidos en el curso normal de la explotación, en proceso de producción o en forma de materiales o suministros para ser consumidos en el proceso de producción o en la prestación de servicios"?

a) Surtido.
b) Productos.
c) Stock.
d) Existencias.

69. ¿Cómo se denominan las existencias que se almacenan por no poderse predecir con exactitud el programa de ventas y producción de un producto determinado?

a) Stock por fluctuación.
b) Stock por tránsito.
c) Stock por anticipación.
d) Stock de anticipación.

70. ¿Qué nombre reciben los bienes o servicios que se encuentran en fase de formación o transformación en un centro de actividad?

a) Productos en curso.
b) Subproductos.
c) Productos semiterminados.
d) Materias primas.

71. Aquella situación en la que los parámetros definidores del riesgo, evidencian que la materialización del mismo puede ser inminente se denomina:

a) Conato de emergencia.
b) Emergencia general.
c) Preemergencia.
d) Emergencia parcial.

72. ¿A quién corresponde proponer periódicamente, y en su caso, organizar los simulacros de emergencia?

a) Al Director Técnico de Emergencias.
b) Al Director del Plan de Actuación.
c) Al Jefe de intervención.
d) Al Equipo de Primera Intervención.

73. ¿Cuál de las siguientes funciones no corresponde al Equipo de Primera Intervención (EPI)?

a) Evitar la propagación del riesgo cerrando puertas y ventanas y alejando o enfriando los productos inflamables y combustibles próximos al foco de incendio.

b) Combatir los riesgos desde su descubrimiento con los medios disponibles en el inmueble y, una vez hayan transmitido la alarma, aplicar las consignas del Plan de Autoprotección.

c) Señalar las anomalías que se produzcan en los sistemas de protección encomendados (detección, alarma, extinción y evacuación) y conseguir su rápida reparación.

d) Conducir ordenadamente la evacuación de la planta o zona asignada y abandonarla, previa comprobación de que no queda nadie atrapado o lesionado.

74. El emplazamiento de los extintores de incendios permitirá que sean fácilmente visibles y accesibles, estarán situados próximos a los puntos donde se estime mayor probabilidad de iniciarse el incendio, a ser posible próximos a las salidas de evacuación y preferentemente sobre soportes fijados a paramentos verticales, de modo que la parte superior del extintor quede, como máximo, a:

a) 1,70 metros sobre el suelo.

b) 1,65 metros sobre el suelo.

c) 1,60 metros sobre el suelo.

d) 1,50 metros sobre el suelo.

75. ¿A qué norma UNE se han de ajustar los sistemas automáticos de detección de incendio así como sus características y especificaciones?

a) A la norma UNE 14.001.

b) A la norma UNE 23.007.

c) A la norma UNE 17.025.

d) A la norma UNE 19.601.

76. Los pulsadores de alarma se situarán de modo que la distancia máxima a recorrer, desde cualquier punto hasta alcanzar un pulsador, no supere los:

a) 15 metros.

b) 20 metros.

c) 25 metros.

d) 30 metros.

77. ¿Cuál ha de ser la separación máxima entre cada BIE y su más cercana?

a) 30 m.

b) 45 m.

c) 50 m.

d) 60 m.

78. ¿A qué clase de fuego corresponde el producido por combustibles sólidos?

a) Clase A.
b) Clase B.
c) Clase C.
d) Clase D.

79. Siempre que sea posible las bocas de incendio equipadas (BIE) se situarán a una distancia máxima de las salidas de cada sector de incendio de:

a) 3 metros.
b) 4 metros.
c) 5 metros.
d) 10 metros.

80. El número y distribución de las bocas de incendio equipadas en un sector de incendio, en espacio diáfano, será tal que la totalidad de la superficie del sector de incendio en que estén instaladas quede cubierta por una BIE, considerando como radio de acción de esta la longitud de su manguera incrementada en:

a) 3 m.
b) 5 m.
c) 7,5 m.
d) 10 m.

81. ¿Cuál de los siguientes elementos forma parte de los sistemas de extinción por agentes extintores gaseosos?

a) Equipos de control de funcionamiento eléctrico o neumático.
b) Mecanismo de disparo.
c) Conductos para el agente extintor.
d) Todas las respuestas son correctas.

82. Los extintores de incendio portátiles están concebidos para que puedan ser llevados y utilizados a mano teniendo en condiciones de funcionamiento una masa igual o inferior a:

a) 35 kg.
b) 30 kg.
c) 25 kg.
d) 20 kg.

83. Según el tipo y capacidad, la duración aproximada de un extintor de incendios es de:

a) 8 a 60 segundos.
b) 15 a 60 segundos.

c) 15 a 50 segundos.
d) 10 a 40 segundos.

84. Señala cuál de las siguientes no es una de las reglas de uso que debemos de seguir a la hora de utilizar un extintor de incendios:

a) En caso de espacios abiertos acercarse al fuego en la dirección del viento.
b) Dirigir el chorro al centro de las llamas.
c) En caso de que el extintor posea manguera asirla por la boquilla para evitar la salida incontrolada del agente extintor.
d) Comprobar en caso de que exista válvula o disco de seguridad que están en posición sin peligro de proyección de fluido hacia el usuario.

85. ¿Qué distancia debemos dejar, como mínimo, entre nosotros y el fuego cuando nos aproximemos para hacer uso del extintor de incendios?

a) 0,5 m.
b) 1 m.
c) 1,5 m.
d) 3 m.

86. ¿Qué real decreto aprueba el Reglamento de instalaciones de protección contra incendios?

a) El Real Decreto 133/2000, de 1 de abril.
b) El Real Decreto 3143/1971, de 16 de diciembre.
c) El Real Decreto 249/2007, de 20 de mayo.
d) El Real Decreto 513/2017, de 22 de mayo.

87. La señal de alarma de incendios será, en todo caso, audible, debiendo ser, además, visible cuando el nivel de ruido donde deba ser percibida supere los:

a) 40 dB (A).
b) 45 dB (A).
c) 50 dB (A).
d) 60 dB (A).

88. ¿Qué debemos hacer cuando no podamos salir de una habitación debido a la gran cantidad de fuego o al humo?

a) Mojar toallas o trapos y colocarlas en los bajos de la puerta, para evitar la entrada del humo.
b) Mojar la puerta donde uno se encuentre, con el fin de enfriarla.

c) Esperar en el interior de la dependencia y si se nos ocurre salir, hacerlo envuelto en una manta o prenda empapada de agua.

d) Todas las respuestas son correctas.

89. ¿Durante cuánto tiempo, como mínimo, se ha de someter el sistema de columna seca, antes de su puesta en servicio, a una prueba de estanqueidad y resistencia mecánica, a una presión estática de 1.470kPa (15 kg/cm2), para comprobar que no aparecen fugas en ningún punto de la instalación?

a) Media hora.
b) Una hora.
c) Dos horas.
d) Cinco horas.

90. ¿A qué clase de fuego corresponde el producido por gases combustibles?

a) Clase A.
b) Clase B.
c) Clase C.
d) Clase D.

91. ¿De qué dos tipos pueden ser las bocas de incendio equipadas (BIE)?

a) De 45 y 30 mm.
b) De 40 y 30 mm.
c) De 40 y 20 mm.
d) De 45 y 25 mm.

92. Las bocas de incendio equipadas deberán montarse sobre un soporte rígido de forma que la altura de su centro quede como máximo a _____ sobre el nivel del suelo o a más altura si se trata de BIE de _____, siempre que la boquilla y la válvula de apertura manual si existen, estén situadas a la altura correspondiente:

a) 1,55 m - 25 mm.
b) 1,60 m - 20 mm.
c) 1,60 m - 25 mm.
d) 1,50 m - 25 mm.

93. La red de tuberías deberá proporcionar, en la hipótesis de funcionamiento simultáneo de las dos BIE hidráulicamente más desfavorables, una presión dinámica mínima de 2 bar en el orificio de salida de cualquier BIE, durante, como mínimo:

a) Una hora.
b) Dos horas.
c) Tres horas.
d) Cinco horas.

94. El sistema de BIE se someterá, antes de su puesta en servicio, a una prueba de estanqueidad y resistencia mecánica, sometiendo a la red a una presión estática igual a la máxima de servicio y como mínimo a:

a) 780 kPa (10 kg/cm2).
b) 820 kPa (10 kg/cm2).
c) 870 kPa (10 kg/cm2).
d) 980 kPa (10 kg/cm2).

95. ¿Cómo pueden ser los mecanismos de disparo en los sistemas de extinción de incendios?

a) Por medio de elementos fusibles.
b) Por medio de termómetro de contacto o termostatos.
c) Por medio de detectores de humo.
d) Todas las respuestas son correctas.

96. La distancia desde cualquier punto del local protegido hasta la BIE más próxima no deberá exceder de:

a) 25 m.
b) 30 m.
c) 40 m.
d) 50 m.

97. Señala la afirmación incorrecta respecto a las actuaciones que debemos llevar a cabo en caso de incendio:

a) Comunicar el hecho al Jefe de Emergencia o de Primera Intervención, facilitándole la mayor cantidad de datos posibles del siniestro.
b) Localizar el origen de la incidencia.
c) Si el incendio es controlado comunicarlo al Jefe de Emergencia, pero sin abandonar el lugar, el incendio podría reactivarse.
d) No girarse ni dar la espalda al fuego y actuar siempre individualmente.

98. ¿Cómo se denomina el stock que compatibiliza una adecuada atención a la demanda y una rentabilidad maximizada teniendo en cuenta los costes de almacenaje?

a) Stock real.
b) Stock positivo.
c) Stock óptimo.
d) Stock disponible.

99. ¿Qué stock se identifica con el sistema de producción Just in Time (JIT) o «justo a tiempo», que consiste en trabajar bajo demanda, es decir, solo se producirá cuando sea necesario para atender una demanda concreta?

a) Stock cero.
b) Stock neto.
c) Stock disponible.
d) Stock físico.

100. ¿Cuál es el documento que expresa la entrega de un producto o la provisión de servicios, junto a la fecha de devengo, además de indicar la cantidad a pagar como contraprestación?

a) Pedido.
b) Factura.
c) Albarán.
d) Nota de abono.

101. Señala la respuesta incorrecta respecto a las heridas:

a) Las heridas por armas de fuego son heridas que ocasionan grandes destrozos, ya que, aunque los proyectiles sean pequeños, poseen una gran energía por la gran velocidad que alcanzan.
b) En las heridas por aplastamiento las lesiones pueden ocasionar desgarros y necrosis de la zona implicada.
c) Las heridas por arrancamiento son heridas complejas en las que interviene un factor de tracción y/o rotación sobre los tejidos.
d) Las heridas por mordeduras son heridas contaminadas por flora anaerobia bucal que requieren de una rápida suturación.

102. Señala una de las funciones del Jefe de Intervención:

a) Ostentar en las emergencias la máxima autoridad del establecimiento y decidir las acciones a tomar, incluso la evacuación si fuera pertinente, según las consecuencias previstas en el Plan.
b) Establecer la situación de emergencia en función del nivel de gravedad.
c) Valorar la emergencia y asumir la dirección y coordinación de los equipos de emergencia en el lugar del accidente.
d) Declarar la activación del Plan y el fin de la situación de emergencia.

103. ¿Qué tipo de plástico constituye una barrera contra el vapor de agua?

a) La poliofelina.
b) El polipropileno.
c) El policloruro de vinilo.
d) El polietileno de alta densidad.

104. En el almacenamiento mediante paletizado se recomienda limitar la altura de almacenamiento a:

a) 4 metros máximo.
b) 3 metros máximo.
c) 2 metros máximos.
d) 1,5 metros máximo.

105. ¿Cómo se denominan los stocks originados por el desplazamiento necesario de los materiales de un lugar a otro?

a) Stock de desplazamiento.
b) Stock de movimientos.
c) Stock por tránsito.
d) Stock de viaje.

106. ¿Qué normativa regula la higiene de los productos alimenticios en relación con los víveres perecederos?

a) Reglamento (CE) 1272/2008.
b) Real Decreto 3484/2000.
c) Ley 31/1995.
d) Reglamento (CE) 852/2004.

107. ¿Cómo deben manipularse los productos de limpieza?

a) En envases improvisados pero bien cerrados.
b) Mezclándolos solo cuando se trate de detergentes neutros.
c) Siempre en envases originales, cerrados y con etiquetado conforme al Reglamento (CE) 1272/2008 (CLP).
d) Transportándolos junto con alimentos para ahorrar espacio.

108. ¿Qué debe aplicarse en el traslado de productos agrícolas como sacos o cajas voluminosas?

a) Movimientos rápidos de tronco.
b) Transporte siempre manual, sin ayudas.
c) Técnicas correctas de manipulación manual de cargas (espalda recta, flexión de rodillas, carga próxima al cuerpo).
d) Flexión de espalda con rodillas rígidas.

109. ¿Qué parámetro debe mantenerse en los alimentos congelados en almacén?

a) $-10\,°C$.
b) $0\,°C$.
c) Entre -5 y $-10\,°C$.
d) $\leq -18\,°C$.

110. ¿Qué criterio de rotación se aplica en los almacenes de víveres?

a) LIFO (Last In – First Out).
b) ALEA (Aleatorio).
c) FIFO (First In – First Out).
d) Por peso de los productos.

111. ¿Qué humedad relativa máxima deben tener granos y cereales en almacenamiento?

a) 70 %.
b) 80 %.
c) 65 %.
d) 60 %.

112. ¿Qué medida de higiene debe cumplirse en los almacenes agrícolas?

a) Mantener residuos vegetales para compostaje.
b) Mantenerlos libres de polvo y residuos vegetales, con limpieza periódica.
c) Dejar productos en contacto directo con el suelo.
d) No realizar controles de plagas.

113. ¿Qué humedad relativa necesitan la mayoría de plantas almacenadas?

a) 80–90 %.
b) 30–40 %.
c) 50 %.
d) En torno al 60–70 %.

114. ¿Qué riesgo biológico se asocia al almacenamiento de cereales contaminados con mohos?

a) Hipotermia.
b) Riesgo eléctrico.
c) Intoxicación por fertilizantes.
d) Presencia de micotoxinas como aflatoxinas.

115. ¿Qué EPI debe emplearse en ambientes polvorientos con productos agrícolas?

a) Gafas de seguridad.
b) Mascarillas FFP2.
c) Guantes dieléctricos.
d) Botas con puntera metálica.

116. Según el RD 487/1997, ¿qué se entiende por manipulación manual de cargas (MMC)?

a) Solo levantar objetos de más de 25 kg.
b) Cualquier operación de transporte o sujeción de una carga, como levantamiento, colocación, empuje, tracción o desplazamiento, que entrañe riesgos dorsolumbares.

c) La utilización de carretillas mecánicas.

d) Únicamente el traslado de personas.

117. ¿A partir de qué peso considera la Guía Técnica que debe evaluarse el riesgo de MMC?

a) 1 kg.

b) 3 kg.

c) 10 kg.

d) 25 kg.

118. Según la norma ISO 11228-1, ¿qué peso puede constituir un riesgo no tolerable en sí mismo?

a) 10 kg.

b) 15 kg.

c) 20 kg.

d) Más de 25 kg.

119. ¿Qué ocurre con la capacidad de levantamiento cuando dos personas manipulan una carga juntas?

a) Se suma totalmente la fuerza de ambas.

b) Es de dos tercios de la suma de sus capacidades individuales.

c) Se reduce a la mitad.

d) No se modifica.

120. ¿Qué particularidad tiene la manipulación de seres vivos?

a) No implica riesgos dorsolumbares.

b) Se considera menos peligrosa que la de objetos inertes.

c) Genera niveles de riesgo más difíciles de cuantificar por los movimientos bruscos e inesperados.

d) Solo se aplica en el ámbito escolar.

121. ¿Qué debe garantizar el empresario respecto a la formación de los trabajadores en MMC?

a) Únicamente formación teórica.

b) Solo en el momento de la contratación.

c) Formación teórica y práctica, suficiente y adecuada, adaptada al puesto y actualizada.

d) Formación general sin adaptación.

122. Según el RD 487/1997, ¿qué peso máximo no debe superarse en condiciones ideales para mujeres de 20 a 45 años?

a) 25 kg.

b) 22 kg.

c) 20 kg.

d) 15 kg.

123. ¿Qué fuerza máxima inicial se recomienda no superar en tareas de empuje realizadas por mujeres?

a) 240 N.
b) 360 N.
c) 150 N.
d) 250 N.

124. ¿Qué tipo de agarre se considera "bueno"?

a) Sujetar la carga flexionando la mano 90°.
b) Carga con asas adecuadas que permitan sujeción confortable y muñeca sin desviaciones.
c) Carga sin asas con bordes resbaladizos.
d) Sujetar con los dedos únicamente.

125. ¿Qué puede ocurrir si el centro de gravedad de la carga está desplazado?

a) Facilita la manipulación.
b) Reduce el esfuerzo físico.
c) Aumentan las fuerzas compresivas en músculos y articulaciones, sobre todo en la zona lumbar.
d) Permite levantar más peso.

126. ¿Qué porcentaje de lesiones sufridas por los trabajadores se debe al manejo inadecuado de cargas?

a) 10 %.
b) 15 %.
c) 20 %.
d) 30 %.

127. ¿Qué característica del medio de trabajo incrementa el riesgo en MMC?

a) Iluminación suficiente.
b) Suelo estable y nivelado.
c) Espacio libre insuficiente o suelos irregulares.
d) Temperatura confortable.

128. ¿Cuál es la distancia máxima recomendable de transporte de una carga?

a) 10 m.
b) 5 m.
c) 1 m.
d) 20 m.

129. Según la ISO 11228-1, ¿qué frecuencia de levantamiento se considera de alto riesgo si dura más de 2 horas?

a) 5 levantamientos/minuto.
b) 8 levantamientos/minuto.
c) Más de 10 levantamientos/minuto.
d) Más de 20 levantamientos/minuto.

130. ¿Qué distancia horizontal de agarre no debería superarse?

a) 50 cm.
b) 25 cm.
c) 10 cm.
d) 15 cm.

131. ¿Qué factor individual de riesgo menciona el RD 487/1997?

a) Solo la falta de equipos mecánicos.
b) Exclusivamente la edad.
c) Falta de aptitud física, vestimenta inadecuada o patología dorsolumbar previa.
d) La climatología.

132. ¿Qué método permite calcular un índice de levantamiento (IL) para estimar el esfuerzo físico?

a) Tablas de Snook y Ciriello.
b) ISO 11228-2.
c) Ecuación de NIOSH.
d) Método Dortmund.

133. ¿Qué ayuda técnica se utiliza para reducir el esfuerzo en movilización de personas?

a) Zapatos antideslizantes.
b) Cinturón de herramientas.
c) Mochila ergonómica.
d) Sábana deslizante.

134. ¿Qué medida complementaria se recomienda en la movilización manual de personas?

a) Utilizar cinturones metálicos.
b) Sujeción con cordajes.
c) Formación teórico-práctica en técnicas de movilización.
d) Uso exclusivo de carretillas.

135. ¿Qué postura debe adoptarse al levantar una carga desde el suelo?

a) Flexionar la espalda manteniendo las piernas rectas.
b) Girar el tronco para mayor comodidad.
c) Dar un tirón rápido hacia arriba.
d) Doblar las piernas manteniendo la espalda recta y el mentón metido.

Soluciones al test n.º 1

1. b) Almacenamiento a granel.

2. d) Almacenamiento en bloque compacto.

3. b) 6 metros.

4. a) 1,5 metros.

5. c) 700 kg.

6. d) Almacenamiento móvil y almacenamiento estático.

7. c) Travesaño.

8. d) Levantamiento rápido.

9. b) La transpaleta.

10. a) Un sistema de poleas.

11. c) La postura correcta al manejar una carga es con la espalda derecha.

12. a) 25 kg.

13. c) Manejo de la carga sin giros ni inclinaciones.

14. d) Evitar la manipulación manual.

15. b) Más de 3 kg.

16. c) Cuanto menor sea la frecuencia de la manipulación.

17. b) Los 35 cm.

18. a) 1 metro.

19. c) 10.000 kg.

20. b) 14 y 25º.

21. a) Doblar las piernas manteniendo en todo momento la espalda derecha, y mantener el mentón metido. No flexionar demasiado las rodillas.

22. c) Agarre regular.

23. a) Hasta 25 cm.

24. c) Dos tercios de la suma de sus capacidades individuales.

25. b) 5 kilos.

26. a) La cantidad de mercancías que se tienen en depósito.

27. b) Stock por fluctuación.

28. c) PMP.

29. b) El pedido.

30. a) El albarán.

31. d) Formar al personal sobre el desempeño de sus funciones.

32. d) El Director del propio Plan de Actuación en Emergencias.

33. a) El aviso o señal por la que se informa a las personas para que sigan instrucciones específicas ante una situación de emergencia.

34. c) Alarma.

35. b) Dirigirse, ya en el exterior, a un punto de reunión.

36. a) Preemergencia.

37. b) Conato de emergencia.

38. d) Emergencia parcial.

39. b) Al Director del Plan de Actuación.

40. b) Son los que en una situación de emergencia acuden al lugar donde se haya producido la emergencia para intentar su control y poner en funcionamiento el sistema de alarma.

41. a) El Jefe de Intervención.

42. d) El Equipo de Alarma y Evacuación (EAE).

43. a) 50 m2.

44. b) 100 personas.

45. c) 594 x 594 mm.

46. a) El Centro de Control.

47. a) 1,20 metros sobre el suelo.

48. a) 5 metros.

49. c) 50 metros.

50. c) Específico para fuegos de gases.

51. c) 800 x 1200 mm.

52. b) Transpaleta.

53. a) Torno o cabestrante.

54. d) El polipasto.

55. b) Fulcro.

56. b) Transelevadoras.

57. c) Entre 1.700 y 1.900 mm.

58. c) Envolver.

59. a) Poliofelina.

60. d) Polietileno de alta densidad.

61. c) Intercaladores.

62. c) El pórex.

63. d) Almacenamiento en bloque.

64. c) 6 metros.

65. d) 1,5 metros.

66. b) 700 kg.

67. b) La previsión de aprovisionamientos.

68. d) Existencias.

69. a) Stock por fluctuación.

70. a) Productos en curso.

71. c) Preemergencia.

72. b) Al Director del Plan de Actuación.

73. d) Conducir ordenadamente la evacuación de la planta o zona asignada y abandonarla, previa comprobación de que no queda nadie atrapado o lesionado.

74. a) 1,70 metros sobre el suelo.

75. b) A la norma UNE 23.007.

76. c) 25 metros.

77. c) 50 m.

78. a) Clase A.

79. c) 5 metros.

80. b) 5 m.

81. d) Todas las respuestas son correctas.

82. d) 20 kg.

83. a) 8 a 60 segundos.

84. b) Dirigir el chorro al centro de las llamas.

85. b) 1 m.

86. d) El Real Decreto 513/2017, de 22 de mayo.

87. d) 60 dB (A).

88. d) Todas las respuestas son correctas.

89. c) Dos horas.

90. c) Clase C.

91. d) De 45 y 25 mm.

92. d) 1,50 m - 25 mm.

93. a) Una hora.

94. d) 980 kPa (10 kg/cm2).

95. d) Todas las respuestas son correctas.

96. a) 25 m.

97. d) No girarse ni dar la espalda al fuego y actuar siempre individualmente.

98. c) Stock óptimo.

99. a) Stock cero.

100. b) Factura.

101. d) Las heridas por mordeduras son heridas contaminadas por flora anaerobia bucal que requieren de una rápida suturación.

102. c) Valorar la emergencia y asumir la dirección y coordinación de los equipos de emergencia en el lugar del accidente.

103. b) El polipropileno.

104. b) 3 metros máximo.

105. c) Stock por tránsito.

106. d) Reglamento (CE) 852/2004.

107. c) Siempre en envases originales, cerrados y con etiquetado conforme al Reglamento (CE) 1272/2008 (CLP).

108. c) Técnicas correctas de manipulación manual de cargas (espalda recta, flexión de rodillas, carga próxima al cuerpo).

109. d) ≤ –18 ºC.

110. c) FIFO (First In – First Out).

111. c) 65 %.

112. b) Mantenerlos libres de polvo y residuos vegetales, con limpieza periódica.

113. d) En torno al 60–70 %.

114. d) Presencia de micotoxinas como aflatoxinas.

115. b) Mascarillas FFP2.

116. b) Cualquier operación de transporte o sujeción de una carga, como levantamiento, colocación, empuje, tracción o desplazamiento, que entrañe riesgos dorsolumbares.

117. b) 3 kg.

118. d) Más de 25 kg.

119. b) Es de dos tercios de la suma de sus capacidades individuales.

120. c) Genera niveles de riesgo más difíciles de cuantificar por los movimientos bruscos e inesperados.

121. c) Formación teórica y práctica, suficiente y adecuada, adaptada al puesto y actualizada.

122. c) 20 kg.

123. a) 240 N.

124. b) Carga con asas adecuadas que permitan sujeción confortable y muñeca sin desviaciones.

125. c) Aumentan las fuerzas compresivas en músculos y articulaciones, sobre todo en la zona lumbar.

126. c) 20 %.

127. c) Espacio libre insuficiente o suelos irregulares.

128. c) 1 m.

129. c) Más de 10 levantamientos/minuto.

130. b) 25 cm.

131. c) Falta de aptitud física, vestimenta inadecuada o patología dorsolumbar previa.

132. c) Ecuación de NIOSH.

133. d) Sábana deslizante.

134. c) Formación teórico-práctica en técnicas de movilización.

135. d) Doblar las piernas manteniendo la espalda recta y el mentón metido.

La limpieza general de las distintas dependencias y exteriores, y la utilización y manejo de elementos que entrañen peligro o/y dificultad

1. La cristalización:

a) Es el tratamiento idóneo para piedras porosas y calcáreas.
b) Se aplica con fregona industrial.
c) Se aplica con máquina de chorro de arena.
d) Son correctas las respuestas a) y c).

2. ¿Con que tipo de mopa se aplicará las emulsiones?

a) La mopa deberá ser de algodón usado.
b) Con los flecos abiertos.
c) Con mopa de fibra metálica.
d) Las opciones a) y b) son correctas.

3. Las emulsiones:

a) Se deben aplicar en capas finas.
b) Hay que aplicar al menos dos capas.
c) Se puede pasar por ellas máquina de alta velocidad.
d) Todas son correctas.

4. Para cristalizar:

a) Utilizaremos productos que contengan fluosilicatos.
b) Sólo aplicaremos fluosilicatos con ceras.
c) Se cristaliza con decapantes.
d) Ninguna es correcta.

5. La primera capa de aplicación de emulsiones de suelos:

a) Se apartará medio palmo del zócalo.
b) Se apartará un palmo del zócalo.

c) Se apartará un palmo y medio del zócalo.
d) Cubrirá toda la superficie del suelo.

6. Los suelos de linóleo:

a) Son suelos duros.
b) Son suelos sensibles a los productos alcalinos.
c) Son suelos porosos.
d) Son correctas las respuestas b) y c).

7. El granito:

a) Es un suelo duro.
b) No es poroso.
c) No cristaliza.
d) Todas son correctas.

8. Los suelos de goma:

a) Se pueden tratar con emulsiones.
b) Son suelos blandos.
c) Su mejor mantenimiento es con máquinas de alta velocidad (método spray).
d) Todas son correctas.

9. La madera y el corcho:

a) Se deberán fregar a diario con agua y detergente neutro.
b) Lo que más les daña es el agua.
c) Se deberán cristalizar.
d) Son suelos no porosos.

10. Las alfombras y textiles:

a) Son suelos porosos en tres dimensiones.
b) Lo que más les daña es el polvo.
c) Se deben aspirar a diario.
d) Todas son correctas.

11. El sistema de limpieza de suelos que simplifica su mantenimiento y que es el más económico se denomina:

a) Abrillantado.
b) Spray.
c) Encerado.
d) Cristalizado.

12. ¿Que determina el grado de agresividad de un disco abrasivo?

a) Su color.
b) Su densidad.
c) Su tamaño.
d) Ninguna de las respuestas anteriores es correcta.

13. Los discos abrasivos tienen la misión de:

a) Extender el producto.
b) Ayudar a la acción química del producto mediante una acción mecánica.
c) Recuperar la suciedad disuelta y abrillantar.
d) Todas las respuestas son correctas.

14. Para la aplicación del Método Spray se debe utilizar:

a) Detergente.
b) Solvente.
c) Cera.
d) Todo ello, emulsionado con agua.

15. ¿Qué tratamiento será más recomendable dar en un suelo de mármol viejo, sin brillo y con arañazos?

a) Primero cristalizado y después encerado.
b) Primero encerado y después diamantado.
c) Primero diamantado y después cristalizado.
d) Primero diamantado y después acuchillado.

16. Señala uno de los inconvenientes que presenta el método de barrido en seco:

a) No permite desempolvar bien por debajo de los muebles y muchas veces fija el polvo y los residuos en los zócalos.
b) La forma en la que debe utilizarse la escoba convencional produce, con el tiempo, dolores de espalda.
c) Es un sistema lento y poco eficaz.
d) Todas las respuestas son correctas.

17. ¿Qué tipo de limpieza se empleará en áreas administrativas?

a) El fregado a máquina.
b) El fregado con un solo cubo solo.
c) El barrido húmedo.
d) El fregado con doble cubo.

18. Las manchas de óxido podrán eliminarse, limpiando bien la superficie con un paño humedecido con una solución de citrato sódico:

a) Al 30 %.
b) Al 20 %.
c) Al 15 %.
d) Al 10 %.

19. ¿A qué tipo de manchas se les debe aplicar una solución de alcohol, ácido acético blanco, glicerina, ácido sálico y éter?

a) A las manchas de cal del agua.
b) A las manchas de óxido.
c) A las manchas de tinta.
d) A las manchas de grasa.

20. ¿Qué tipo de manchas se eliminan con un detergente ácido o con un poco de vinagre?

a) Las manchas de cal del agua.
b) Las manchas de grasa.
c) Las manchas de tinta.
d) Las manchas de chicles.

21. ¿Qué tipo de manchas se eliminan con una solución de agua y un detergente ácido al 50 % o bien alcohol de 96º?

a) Las manchas de tinta.
b) Las manchas de chicles.
c) Las manchas de óxido.
d) Las manchas de grasa.

22. Señala la respuesta incorrecta respecto al aspirado:

a) Moveremos la boquilla de aspiración hacia adelante y hacia atrás mientras avanzamos en el aspirado.
b) Debemos poner a punto la aspiradora asegurándonos de que aspira correctamente y de que es la adecuada para el tipo de suciedad que debemos aspirar.
c) Aspiraremos en primer lugar las superficies que menos se ensucian y, posteriormente las que más se ensucian (y si es preciso dos o tres veces).
d) Comprobaremos que la bolsa está en buenas condiciones para que la boquilla de aspiración pueda succionar la suciedad correctamente.

23. Los disolventes orgánicos que utilicemos para combatir las manchas de grasa deberán:

a) Poder combinarse con gasolina, benceno o tetracloruro de carbono.
b) Tener una temperatura de inflamación por encima de 40 ºC.

c) Tener un umbral de toxicidad superior al del metilcloroformo 350 ppm.
d) Todas las respuestas son correctas.

24. ¿Qué tipo de suelos son una alfombra o una moqueta?

a) Suelos de cerámica.
b) Suelos textiles.
c) Suelos de linóleo.
d) Suelos termoplásticos.

25. ¿Cuál de los siguientes es un suelo duro?

a) Suelos de cerámica.
b) Suelos vinílicos.
c) Suelos de corcho.
d) Suelos de goma.

26. ¿Qué tipo detergente se emplea en el tratamiento de base con método spray de los suelos de PVC?

a) Alcalino.
b) Ácido.
c) Fuerte.
d) No se emplea detergente.

27. Para cristalizar:

a) Utilizaremos productos que contengan fluosilicatos.
b) Sólo aplicaremos fluosilicatos con ceras.
c) Se cristaliza con decapantes.
d) Ninguna es correcta.

28. ¿Qué tratamiento será más recomendable dar en un suelo de mármol viejo, sin brillo y con arañazos?

a) Primero cristalizado y después encerado.
b) Primero encerado y después diamantado.
c) Primero diamantado y después cristalizado.
d) Primero diamantado y después acuchillado.

29. Las paredes lavables:

a) Se lavarán con agua y detergente neutro.
b) Se lavarán con agua y detergente ácido.
c) Se deberá eliminar el polvo de las mismas una vez al mes.
d) Todas son correctas.

30. Las limpiezas de fachadas se pueden realizar:

a) De forma manual.
b) De forma mecanizada.
c) No se limpian las fachadas.
d) Son correctas la a) y la b).

31. Para realizar una limpieza manual de fachadas:

a) Se humedecerán los papeles y carteles pegados a la superficie y se dejará actuar un rato.
b) Se raspan directamente sin mojar.
c) A veces hay que añadir al agua un poco de cal.
d) Se pulen con pulidora de mano.

32. La limpieza mecánica de fachadas se hará:

a) Con agua a presión.
b) Con chorro de arena.
c) Son correctas la a) y la b).
d) Ninguna es correcta.

33. La limpieza de fachadas con chorro de agua:

a) Se realiza siempre con agua fría.
b) El chorro de agua se debe trabajar de arriba a abajo para evitar salpicaduras.
c) La presión y la temperatura variarán según el material de que esté compuesta la superficie.
d) Todas son correctas.

34. Los grafitis:

a) Son pinturas que se realizan en las paredes con rotuladores o sprays.
b) Suelen llevar la firma de la persona que lo hace o bien dibujos.
c) Normalmente se realizan con tinta o pintura.
d) Todas son correctas.

35. Para limpieza de superficies verticales disponemos de:

a) Escaleras.
b) Andamios.
c) Plataformas.
d) Todas son correctas.

36. En la limpieza de paredes, el detergente alcalino se usará en proporción:

a) No superior al 1 % para limpieza de paredes con grasa.
b) No superior al 2 % para limpieza de paredes con grasa.

c) No superior al 3 % para limpieza de paredes con grasa.
d) No superior al 2 % para limpieza de paredes sin grasa.

37. Para el mantenimiento de textiles en paredes se usará:

a) Percloroetileno.
b) Amoniaco.
c) Champú para limpieza de textiles.
d) Las opciones a) y c) son correctas.

38. Señala la afirmación incorrecta en relación con el mantenimiento de las paredes de madera:

a) El agua deteriora la madera, por tanto, evitaremos mojarla.
b) Se pulveriza el mop-sec con producto capta-polvo al menos 10 minutos antes de su utilización.
c) Se procede a pasar el mop-sec por la madera para quitar el polvo.
d) Si quedara alguna mancha, se humedecerá una bayeta y se procederá a quitarlas manualmente.

39. ¿Cómo se eliminan las mancha del roce de las suelas de los zapatos en la pared no lavable?

a) Con agua y jabón.
b) Con una cuchilla.
c) Con goma de borrar.
d) Con lejía.

40. ¿Cómo se limpiarán las paredes empapeladas?

a) Se deberá eliminar el polvo de las mismas una vez al mes.
b) Se limpiarán diariamente con agua y jabón.
c) Se lavarán una vez al mes con un producto para textil en seco.
d) No se limpian.

41. ¿Para la limpieza de acero en puertas qué tipo de bayeta utilizaremos?

a) Bayeta suave de limpieza.
b) Bayeta azul.
c) Es indiferente.
d) No se utiliza bayeta.

42. ¿Cuándo se limpiarán los zócalos?

a) Antes de la pared.
b) Después de la pared.

c) Después del suelo.
d) A la vez que el suelo.

43. ¿Con qué se quitan las manchas de la pintura plástica en una pared?

a) Con agua.
b) En seco.
c) Con trementina.
d) Con percloroetileno.

44. Las paredes de pinturas al temple:

a) Se deben limpiar en seco.
b) Se limpian a través de un lavado y lejiado.
c) Se utilizan pulverizadores sin frotar.
d) Solo se limpian con paños secos.

45. Señala la mejor técnica para eliminar manchas en una pared empapelada:

a) Con goma de borrar o con una bola de miga de pan.
b) Con un rascador.
c) Con un cepillo de cerdas duras.
d) Con un cepillo de cerdas semirrígidas.

46. Indique que afirmación es correcta en relación con a la limpieza de paredes pintadas:

a) Para limpiar una pared pintada es indiferente con qué tipo de pintura se han pintado.
b) Debe lavarse sin haber retirado previamente el polvo para una mayor higiene.
c) Tras el fregado de la pared debe secarse con una trapo seco.
d) No debe enjuagarse más de una vez la esponja o bayeta que se utilice.

47. ¿Cuál de los siguientes tipos de paredes requieren para su lavado un detergente especial y una espuma especial, respectivamente?

a) Entelada y de pintura.
b) Empapelada y de cerámica.
c) De madera y entelada.
d) De pintura y de madera.

48. ¿Con qué frecuencia se procederá a la limpieza de las superficies próximas a las tomas de aire acondicionado?

a) Diariamente.
b) Semanalmente.

c) Cada quince días.
d) Mensualmente.

49. ¿Qué método utilizaría para eliminar manchas de una pared textil?

a) Frotación.
b) Arrastre.
c) Abrasión.
d) Tamponación.

50. ¿Qué utilizaría para limpiar manualmente un techo?

a) Mopa húmeda.
b) Bomba de aspiración.
c) Hidrolimpiadora.
d) Plumero.

51. ¿Con qué se limpiaría el sistema de detección de alarmas?

a) Con agua y jabón.
b) Con aire a presión.
c) Con desinfectante.
d) Con plumero.

52. ¿Qué orden de limpieza es correcto?

a) Techo, pared, suelo.
b) Techo, suelo, pared.
c) Pared, techo, suelo.
d) Suelo, pared, techo.

53. Para limpieza de superficies verticales disponemos de:

a) Escaleras.
b) Andamios.
c) Plataformas.
d) Todas son correctas.

54. ¿Cómo se eliminan las marcas de gotas de agua del espejo del baño?

a) Con agua y jabón.
b) Con agua solo.
c) Con agua y unas gotas de vinagre.
d) Con lejía.

55. ¿Con que producto se limpian los espejos?

a) Con lejía.
b) Con agua y jabón.
c) Con bicarbonato.
d) Un detergente ácido.

56. ¿Qué utensilio de los siguientes utilizaremos para quitar suciedad pegada a los cristales que es difícil de eliminar?

a) Un cepillo aspirante.
b) Un limpiacristales o rastrillo.
c) Un estropajo.
d) Un rasca-vidrios.

57. En la limpieza de cristales, indique cuál de las siguientes afirmaciones es incorrecta:

a) Los cristales deben limpiarse cuando les da el sol con el objeto de ver mejor las manchas.
b) Los cristales deben limpiarse de arriba hacia abajo.
c) Las manchas de insectos podemos eliminarlas más fácilmente con alcohol de quemar.
d) Cuando limpiemos cristales grandes lo haremos más fácilmente si utilizamos cepillos montados con tubos enlazados.

58. A la hora de eliminar la suciedad de los cristales, hay que tener en cuenta que:

a) Las manchas de pintura las quitaremos fácilmente con alcohol de quemar.
b) Los limpiaremos siempre de abajo hacia arriba.
c) Las manchas producidas por los insectos las eliminaremos con esencia de trementina.
d) Procuraremos no limpiarlos cuando el sol se refleje en ellos.

59. Los cristales de las puertas de entrada requieren una frecuencia de limpieza:

a) Quincenal.
b) Semestral.
c) Diaria.
d) Anual.

60. Indica la opción incorrecta. Cuando limpiemos en edificio donde exista personal trabajando debemos tener en cuenta:

a) Señalizar la zona mojada para evitar resbalones.
b) Usar uniformes e identificativos.
c) Ubicar el material en un lugar donde no estorbe.
d) Todas son correctas.

61. Los cristales de difícil acceso se limpiarán con una frecuencia orientativa de:

a) Quincenal.
b) Trimestral.
c) Anual.
d) Diaria.

62. Lo primero que tenemos que hacer en el montaje del restrillo para limpiar los cristales es:

a) Dejar entrar los dos dientes del muelle en cualquiera de las dos aberturas de la guía.
b) acoplar el mango en alguno de los lugares de la guía.
c) Apretar el muelle de acero en la parte inferior del mango.
d) Colocar el mango en la parte central de la guía, es la más usada.

63. Qué es un «*Strip*»:

a) Lavavidrios.
b) Máquina fregadora automática.
c) Rascador de vidrios.
d) Sistema de doble cubo para limpieza de suelos.

64. En la limpieza de ventanas grandes, que primer movimiento debemos hacer con el lavavidrios al empaparlo de agua:

a) En zip zap.
b) De arriba abajo.
c) A lo largo.
d) Es indiferente el movimiento.

65. Para dar el último toque a las ventanas grandes:

a) Colocaremos una gamuza en el extremo del tubo, limpiando a lo largo del borde y en los rincones para quitar eventuales gotas de agua.
b) Con el limpiacristales ligeramente inclinado, arrastre el agua horizontalmente hacia el borde derecho.
c) Cuando se aproxime al borde derecho, vigilar la guía del rastrillo hacia la derecha para que el extremo de su goma toque el borde lateral.
d) Después de cada pasada del rastrillo, escurra el limpiacristales suavemente con unos golpecitos sobre la parte aún mojada del cristal.

66. En el sistema de posicionamiento para la limpieza de ventanas se debe tener en cuenta:

a) Pasar de ventana a ventana por fuera del edificio.
b) Parar sobre el borde de la ventana, aunque esté resbaladizo, lleva zapatos de seguridad.

c) Una vez limpia la ventana, desconecte los dos extremos de la correa antes de entrar en el edificio.

d) Mantener los dos extremos de la correa conectados al punto de anclaje mientras se limpia la ventana.

67. En la limpieza de cristales indica que opción es incorrecta:

a) Se usa un rascador de vidrio para las manchas difíciles.
b) Se limpia siempre de derecha a izquierda.
c) Se limpia siempre de arriba abajo.
d) Se debe limpiar el cristal siempre cuando no le esté dando el sol.

68. El sistema de conexión al anclaje se compone de:

a) Dos líneas de trabajo.
b) Una línea de trabajo y una línea de seguridad.
c) Una línea de trabajo y dos líneas de seguridad.
d) Una sola línea de trabajo.

69. Indica cuál no es una parte de la cuerda tipo A de la norma UNE-EN 1891:

a) Alma.
b) Identificación.
c) Cuerpo.
d) Camisa.

70. De que tipo es el dispositivo de regulación de cuerda accionado manualmente que, cuando se engancha a una línea de trabajo, se bloquea bajo la acción de una carga en un sentido y desliza libremente en sentido opuesto:

a) A.
b) B.
c) C.
d) W.

71. ¿En qué posición se colocará el limpiacristales sobre la superficie del cristal para comenzar limpiar?

a) Horizontal.
b) Vertical.
c) Ligeramente inclinado a la derecha.
d) Es indiferente.

72. ¿En qué posición es más habitual colocar el mango del rastrillo limpiacristales?

a) Derecha.
b) Centro.
c) Izquierda.
d) Ligeramente a la derecha o izquierda, para que sea más fácil llegar a las esquinas.

73. ¿Qué tipos de suciedad es el cemento?

a) Grasa.
b) Mineral.
c) Procedente de partículas que se desprenden del cuerpo.
d) Óxido.

74. ¿Con qué producto se elimina la grasa?

a) No tiene importancia la acidez.
b) Ácido.
c) Alcalino.
d) Neutro o ligeramente alcalino.

75. ¿Con qué producto se elimina la suciedad mineral?

a) Ácido.
b) Básico.
c) Neutro.
d) Lejía.

76. ¿Qué operación es correcta en la limpieza de aseos?

a) Se deberá aplicar después de la limpieza, si es necesario, lejía en una concentración al 2 %.
b) Se deberá aplicar después de la limpieza, si es necesario, peróxido de hidrógeno en una concentración al 2 %.
c) a) Se deberá aplicar después de la limpieza, si es necesario, lejía en una concentración al 12 %.
d) Todas son correctas.

77. De los elementos del cuarto de baño, ¿cuál se limpiará en último lugar?

a) Lavabo.
b) Bidé.
c) Bañera.
d) Inodoro.

78. ¿Para qué sirve la escobilla?

a) Para barrer.
b) Para frotar por dentro el lavabo.
c) Para frotar por dentro el inodoro.
d) Para frotar por dentro y por fuera el inodoro.

79. ¿Qué producto se utilizará para fregar el suelo del baño?

a) Detergente ácido.
b) Jabón.

c) Abrillantador.
d) Detergente-desinfectante.

80. ¿Cuántas veces se limpian los aseos públicos?

a) Una.
b) Diaria.
c) Dos.
d) Cuantas sea necesario en función de la ocupación.

81. ¿Qué es lo primero que se limpia en el aseo?

a) Lavabo.
b) Bidé.
c) Bañera.
d) Inodoro.

82. ¿Qué tipos de aseos públicos podemos encontrar?

a) Para mujeres.
b) Para hombres.
c) Para personas con discapacidad.
d) Todas las respuestas son correctas.

83. ¿A qué altura estará el lavabo en un aseo para personas con discapacidad?

a) 50 cm.
b) 70 cm.
c) 90 cm.
d) 1 m.

84. ¿Cuál de estas características corresponde a un aseo de personas con discapacidad?

a) Lavabo a altura de 90 cm., sin pie ni mueble, que permita el acercamiento y uso con silla de ruedas.
b) Grifos de accionamiento por giro.
c) Barras de apoyo a altura adecuada ancladas firmemente junto al inodoro.
d) Papel higiénico y accesorios cercanos al suelo.

85. ¿Qué es correcto sobre la limpieza de urinarios?

a) Se realizará de la misma forma que la limpieza de inodoros.
b) Es conveniente que la solución permanezca en el interior del urinario durante unos minutos.

c) Para la suciedad mineral se utilizará detergente ácido y después se tirará de la cadena.

d) Todas las respuestas son correctas.

86. ¿Cómo se realizará la limpieza de cuartos de baños y aseos?

a) En húmedo.
b) Realizando limpieza y desinfección simultáneamente.
c) Se fregará el suelo con el sistema de doble cubo.
d) Todas las respuestas son correctas.

87. ¿Qué característica de las siguientes tendrá un buen desinfectante?

a) Altamente soluble.
b) De olor desagradable.
c) No inocuo para la colectividad.
d) Corrosivo.

88. La limpieza de servicios:

a) Debe ser meticulosa.
b) Requiere el uso de guantes.
c) No es importante.
d) Son correctas la a) y la b).

89. La suciedad grasa o materia orgánica:

a) Es la suciedad diaria.
b) Requiere el uso de solución de detergente neutro.
c) Es así como se llama al sarro y óxido.
d) Son correctas la a) y la b).

90. En limpieza de servicios hay que tener en cuenta:

a) Limpiar de lo menos sucio a lo más sucio para evitar contaminaciones.
b) Utilizar muchos productos.
c) Preocuparse únicamente del suelo.
d) Ninguna es correcta.

91. En los servicios se debe:

a) Reponer el papel higiénico, jabón, toallas,...
b) Vaciar papeleras.
c) Dejar correr el agua de los urinarios...
d) Todas son correctas.

92. El detergente ácido:

a) Se empleará para quitar la suciedad de diario.
b) Sólo sirve para eliminar el óxido, sarro, cal,...
c) Se utilizará después de haber limpiado.
d) Son correctas la b) y la c).

93. En la limpieza de los servicios debemos tener en cuenta que hay dos tipos de suciedades, que son:

a) La grasa y la inorgánica.
b) La grasa y la sólida.
c) La grasa y la mineral.
d) Ninguna de las opciones anteriores es correcta.

94. Señala la opción incorrecta con respecto a las características que ha de tener un buen desinfectante:

a) No será inflamable.
b) Será estable en su almacenamiento.
c) De acción eficaz y rápida a temperatura ambiente.
d) Debe ser sensible a las variaciones de pH.

95. El fregado de suelos de despachos se realiza:

a) Con fregona y un cubo.
b) Con carro mopa de doble cubo.
c) Con escoba.
d) Con fregadoras.

96. Las áreas administrativas en general disponen de:

a) Ordenadores.
b) Fotocopiadoras.
c) Fax.
d) Todas son correctas.

97. Para limpiar las pantallas de los ordenadores:

a) Deberán estar apagados y desconectados.
b) Deberán emplearse productos antiestáticos.
c) La humedad puede provocar problemas.
d) Todas son correctas.

98. La eliminación de polvo en mobiliario:

a) Se realizará empezando por los más altos y trabajando de arriba hacia abajo.
b) Se utilizará bayeta con producto capta-polvo.

c) No es importante el método de trabajo.
d) Son correctas la a) y la b).

99. Las sillas tapizadas:

a) Se deberán aspirar.
b) Se limpiarán con bayeta y producto capta-polvo.
c) Se quitarán las manchas con espuma seca.
d) Son correctas la a) y la c).

100. En la limpieza de equipos de oficina (ordenadores personales, fotocopiad ras, etc.), ¿debe limpiarse su interior por parte del personal de limpieza?

a) Sí, pero deben desconectarse de la red eléctrica primero.
b) No, ya que de esa tarea se ocupan los correspondientes profesionales.
c) Sí, pero no de forma diaria sino semestral.
d) No, salvo en el caso de los contenedores de tóner de las fotocopiadoras.

101. ¿Cómo debe limpiarse una carcasa de ordenador?

a) Con una esponja humedecida en alcohol.
b) Con bayeta de tela sin tejer impregnada de solución de detergente multiusos.
c) Con un trapo suave ligeramente humedecido en agua.
d) Con un trapo impregnado de un producto antigrasa.

102. Como se limpian los teléfonos:

a) Sólo con agua.
b) Con un paño humedecido en solución de detergente neutro.
c) Cuando esté muy sucio, con un cepillo muy suave, impregnado de petróleo.
d) Con paño seco y quitapolvo.

103. ¿Cada cuánto tiempo se limpia la zona de micrófono de los teléfonos, si se considera necesario por razones higiénicas?

a) Diariamente.
b) Cada dos días.
c) Semanalmente.
d) Mensualmente.

104. Las sillas de piel o cuero:

a) Se utilizará champú para su limpieza.
b) El polvo se eliminará con bayeta y producto capta-polvo.
c) De vez en cuando se deberá nutrir con crema incolora.
d) Son correctas la b) y la c).

105. Las sillas tapizadas:

a) Se deberán aspirar.
b) Se limpiaran con bayeta y producto capta-polvo.
c) Se quitarán las manchas con espuma seca.
d) Son correctas la a) y la c).

106. La limpieza de las sillas tapizadas se realizará:

a) Diariamente.
b) Cada tres días.
c) Semanalmente.
d) Quincenalmente.

107. ¿Cómo se limpiarán los archivos de oficina?

a) Se limpiarán como el mobiliario lavable.
b) Se limpiarán como el mobiliario no lavable.
c) Se limpiarán diariamente.
d) Todas son correctas.

108. Las ranuras del teclado se limpian:

a) Con papel de celulosa.
b) Con una bayeta humedecida en alcohol.
c) Con una esponja impregnada en una solución de agua con alcohol.
d) Se realizará sacudiendo suavemente los teclados.

109. La limpieza diaria del fax se realiza con:

a) Un paño empapado en agua.
b) Con una bayeta de tela sin tejer humedecida en solución de detergente neutro.
c) Una bayeta mojada en agua con detergente.
d) Todas las respuestas anteriores son correctas.

110. Un limpiador de oficinas necesitará, generalmente, tres bayetas, para:

a) Muebles lavables, muebles no lavables y tapicerías.
b) Cristales, madera y otros materiales.
c) Muebles lavables, muebles no lavables y otros elementos (por ejemplo, ceniceros).
d) La primera para mojar, la segunda para secar y la tercera para abrillantar.

111. El mop-sec que se usa para barrer entre muebles debe tener un ancho de:

a) 30 cm.
b) 1 m.

c) 75 cm.
d) 45 cm.

112. El cristal de la fotocopiadora debe ser limpiado con:

a) Limpiacristales.
b) Agua.
c) Alcohol y detergente.
d) Ninguna de las respuestas anteriores es correcta.

113. La limpieza exterior de una fotocopiadora se realiza con:

a) Un plumero.
b) Una esponja impregnada en detergente.
c) Una bayeta húmeda.
d) Un paño seco.

114. Los equipos informáticos deben limpiarse con:

a) Agua.
b) Productos antiestáticos.
c) Lejía.
d) Todas las respuestas anteriores son correctas.

115. La limpieza del interior de la máquina fotocopiadora:

a) Consistirá en retirar el polvo y quitarle cualquier resto de suciedad utilizando una bayeta húmeda.
b) Se realizará limpiando con un paño o bayeta secos.
c) Se utilizarán cepillos especialmente diseñados para ello y un producto capta-polvo.
d) Ninguna es correcta: esta limpieza será realizada por los profesionales del área.

116. Los ordenadores suelen atraer el polvo porque:

a) Suelen cargarse de energía estática.
b) Están fabricados de materiales que atraen el polvo.
c) Tienen imanes interiores, que atraen el polvo que tenga contenido mineral.
d) Ninguna es correcta: los ordenadores no atraen el polvo más que otros elementos de la oficina.

117. En una institución docente debemos tener en cuenta, a la hora de realizar su limpieza una serie de recomendaciones básicas de obligada observación: señale la incorrecta:

a) Vaciar las papeleras.
b) Eliminar el polvo de las zonas altas por encima de los hombros.

c) Prestar especial atención a aquellos elementos que se toquen con las manos: teléfonos, ordenadores, pomos de puertas, etc.

d) Eliminar el polvo del suelo con una mopa en suelos lisos.

118. En una institución docente antes de utilizar productos o líquidos para proceder a la limpieza, se recomienda:

a) Solo barrer los suelos de todo el colegio así como de sus accesos.

b) Solo pasar la mopa por los suelos de todo el colegio así como de sus accesos.

c) Pasar la mopa húmeda por los suelos de todo el colegio así como de sus accesos.

d) Barrer o pasar la mopa por los suelos de todo el colegio así como de sus accesos.

119. En una institución docente qué tipo de textil utilizaremos para limpiar las partículas y las superficies:

a) Utilizaremos trapos de acrílico.

b) Utilizaremos trapos de nailon.

c) Utilizaremos trapos de rayón.

d) Utilizaremos trapos de microfibras, en vez de tela.

120. Según la frecuencia en la limpieza podemos dividir las tareas higiénicas dependiendo de las necesidades en:

a) Primera limpieza: prepara las superficies después de su colocación, operación que facilitará su posterior mantenimiento.

b) Mantenimiento diario: técnicas rápidas para su aplicación día a día.

c) Limpieza periódica: operaciones que permitan tratar parcialmente aspectos puntuales a fin de obtener un nivel de limpieza compatible con las exigencias de los usuarios.

d) Todas las anteriores son correctas.

121. Entre las actividades a realizar según la frecuencia de limpieza semanal, no se encuentra:

a) Sacar telarañas y quitar polvo de las rejillas en el techo con plumero y mango, todo desde el suelo.

b) Mopear y fregar suelos duros.

c) Limpiar estanterías hasta una altura alcanzable desde el suelo. Usar desinfectante si procede.

d) Limpiar paredes hasta una altura alcanzable desde el suelo.

122. ¿Cuáles son los productos más adecuados para limpiar las pizarras?

a) Se deben utilizar productos abrasivos para limpiarlas.

b) Utilizar una bayeta humedecida en agua y un detergente neutro.

c) Usar desinfectantes y detergentes alcalinos.

d) Usar únicamente una bayeta seca.

123. ¿Cómo limpiaremos los azulejos del cuarto de baño?

a) Los azulejos, iremos de lo más limpio a lo más sucio.

b) En horizontal y de arriba abajo.

c) Se utilizará un detergente alcalino desengrasante y después se utilizará un detergente ácido débil para eliminar depósitos de sales, óxido y cal.

d) Todas las anteriores son correctas.

124. Entre las tareas de limpieza mensual no se encuentra:

a) Limpieza de zonas y dependencias de uso no diario, archivos, sótanos.

b) Quitar el polvo de todos los puntos de altura, que no se puede hacer normalmente en las tareas diarias, desde el suelo usando palos extensibles y plumero.

c) Limpieza a fondo de mobiliario con bayeta y desengrasante multiusos.

d) Limpieza de Cristales.

125. Cualquier proceso utilizado para eliminar o matar microorganismos. También se utiliza para referirse a la eliminación o neutralización de sustancias químicas peligrosas y materiales radioactivos. Es la definición de:

a) Biocida.

b) Descontaminación.

c) Desinfectante.

d) Esporicida.

126. ¿En qué consiste la limpieza de trazas?

a) Un arrastre mecánico de la suciedad con un cepillo, escobilla, esponja, agua y detergente y posterior enjuagado con agua y/o destilada.

b) En colocar el material en una solución de limpieza durante 20 o 30 min. Secar y aclarar con agua y/o destilada.

c) En utilizar ácidos o bases para la limpieza se usan lejías o disolventes orgánicos y a continuación, en una solución de HC1 1N y aclarado con agua destilada.

d) En desinfectar antes de proceder a la limpieza mediante inmersión en agua con lejía 20 – 30 min.

127. El ozono por su gran poder oxidante tiene, entre otras las siguientes propiedades:

a) Bactericida.

b) Esterilizante.

c) Fungicida.

d) Todas las anteriores son propiedades del ozono.

128. El ozono aplicado en el conducto de impulsión, a la salida de la máquina de climatización, asegura en todo momento y de manera continuada:

a) La desinfección de los conductos, atacando a la raíz del problema los microbios y la materia orgánica de que se alimentan.

b) La esterilización de los conductos, atacando a la raíz del problema los microbios y la materia orgánica de que se alimentan.

c) La antisepsia de los conductos, atacando a la raíz del problema los microbios y la materia orgánica de que se alimentan.

d) La limpieza de los conductos, atacando a la raíz del problema los microbios y la materia orgánica de que se alimentan.

129. ¿Para qué se utiliza principalmente la lana de acero?

a) Para cristalizar suelos calcáreos y frotar cacerolas de acero.

b) Para pulir cristales de ventanas grandes.

c) Para eliminar residuos grasos en paredes.

d) Para limpiar alfombras y moquetas.

130. ¿Qué herramienta es ideal para quitar polvo en superficies delicadas como lámparas o cuadros?

a) Gamuza húmeda.

b) Cepillo de cerdas finas.

c) Bayeta de microfibra.

d) Plumero.

131. ¿Cómo se deben limpiar las escobas para mantenerlas en buen estado?

a) Sumergiéndolas en agua fría con detergente industrial.

b) Cepillándolas en seco una vez al mes.

c) Lavándolas semanalmente con agua caliente y detergente neutro.

d) Limpiándolas con vapor cada tres días.

132. ¿Qué característica distingue a los guantes de vinilo?

a) Son elásticos y confortables para zonas estériles.

b) Son resistentes y adecuados contra ácidos y disolventes.

c) Son exclusivos para trabajos con alta temperatura.

d) Ofrecen protección contra cortes.

133. ¿Qué herramientas son necesarias para una limpieza profesional de cristales?

a) Plumero, gamuza y recogedor.

b) Esponja y detergente industrial.

c) Mojador, rastrillo, rascador, gamuza y cubo rectangular.
d) Cepillo y aspiradora portátil.

134. ¿Qué función cumplen los palos telescópicos y codos articulados?

a) Facilitan el acceso a zonas altas como techos y grandes ventanas.
b) Sirven para fijar herramientas de limpieza en paredes.
c) Ayudan a transportar equipos de limpieza pesados.
d) Permiten ajustar la presión en el fregado industrial.

135. ¿Qué componentes tiene el sistema de doble cubo en el carro de fregado?

a) Cubos de agua fría y caliente sin divisiones.
b) Cubo único con separadores y escurridor.
c) Dos cubos de diferente color con escurrefregona o prensa.
d) Cubos apilables con tapa hermética.

136. ¿Cuál es el orden correcto en el procedimiento del fregado con doble cubo?

a) Mojar la fregona en el cubo azul, escurrir en el cubo rojo, fregar en zigzag.
b) Fregar en zigzag, mojar en el cubo azul y escurrir en el cubo rojo.
c) Mojar en el cubo rojo, escurrir en el azul y fregar en diagonal.
d) Mojar en ambos cubos alternadamente y fregar de derecha a izquierda.

137. ¿Qué método de limpieza combina aspiración y vapor para eliminar suciedad?

a) Barrido asistido.
b) Aspiradora con vaporeta.
c) Máquina de inyección-extracción.
d) Aspiradora con filtro HEPA.

138. ¿Qué ventaja ofrecen las máquinas de inyección-extracción en la limpieza?

a) Son ligeras y fáciles de transportar.
b) Permiten limpieza superficial sin humedecer los tejidos.
c) Realizan limpieza profunda en tejidos y tapicerías.
d) Funcionan únicamente con productos químicos secos.

139. ¿Qué se utiliza en el barrido asistido para evitar la proyección de polvo al ambiente?

a) Serrín humedecido o arena aceitosa.
b) Agua pulverizada.
c) Filtros de aire incorporados al escobón.
d) Aspiradora con cepillos rotatorios.

140. ¿Qué partes principales tienen los aspiradores de vapor?

a) Motor de alta potencia y depósito de aire comprimido.
b) Depósito de agua, boquilla de vapor, cepillos y filtro de aspiradora.
c) Compartimentos de detergente y ruedas giratorias.
d) Ventilador interno y sistema de succión automática.

141. ¿Qué riesgo puede producirse al mezclar productos de limpieza incompatibles como lejía y amoniaco?

a) Quemaduras por frío.
b) Reacciones endotérmicas.
c) Reacciones químicas peligrosas.
d) Ninguno, si se diluyen en agua.

142. ¿Qué normativa regula el etiquetado y envasado de productos químicos de limpieza?

a) Real Decreto 773/1997.
b) Reglamento (UE) 1169/2011.
c) Reglamento (CE) 1272/2008 (CLP).
d) Reglamento (CE) 852/2004.

143. ¿Qué riesgos presentan las herramientas manuales como cuchillas o espátulas?

a) Electrocución.
b) Picaduras de insectos.
c) Cortes, pinchazos, sobreesfuerzos musculares.
d) Intoxicaciones por vapores.

144. ¿Qué riesgos puede ocasionar el uso de maquinaria de limpieza como hidrolimpiadoras a presión?

a) Reacciones químicas.
b) Atrapamientos, caídas por cableado, electrocución, proyecciones de partículas a presión.
c) Insolación.
d) Contaminación biológica.

145. ¿Qué equipo debe emplearse en trabajos en altura superiores a 2 metros?

a) Guantes anticorte.
b) Calzado antideslizante.
c) Arnés de seguridad.
d) Mascarilla filtrante.

146. ¿Qué medida preventiva se recomienda antes de hacer mantenimiento en una fregadora automática?

a) Guardar la máquina en almacén ventilado.
b) Desconectar la máquina de la red eléctrica.
c) Usar siempre mopa húmeda.
d) Revisar filtros de aire.

147. ¿Qué riesgo es típico de la limpieza de exteriores en condiciones de lluvia?

a) Electrocución.
b) Resbalones en suelos húmedos.
c) Quemaduras químicas.
d) Inhalación de vapores.

148. ¿Qué EPI establece el RD 773/1997 para el personal de limpieza?

a) Solo guantes de algodón.
b) Guantes de protección química y mecánica, mascarillas filtrantes, gafas de seguridad, calzado antideslizante, ropa de trabajo específica y chaleco reflectante.
c) Cascos de seguridad y botas dieléctricas.
d) Uniforme común y delantal de plástico.

149. ¿Qué riesgo se clasifica como biológico en limpieza?

a) Golpes con herramientas.
b) Intoxicaciones por vapores.
c) Exposición a microorganismos en residuos orgánicos o zonas insalubres.
d) Atrapamientos por maquinaria.

150. ¿Qué medida preventiva se debe adoptar respecto a los productos de limpieza?

a) Almacenarlos mezclados para ahorrar espacio.
b) Etiquetarlos con colores arbitrarios.
c) Diluir siempre lejía y amoniaco juntos.
d) Leer y respetar siempre las etiquetas y fichas de datos de seguridad (FDS).

Solución al test n.º 2

1. a) Es el tratamiento idóneo para piedras porosas y calcáreas.

2. d) Las opciones a) y b) son correctas.

3. d) Todas son correctas.

4. a) Utilizaremos productos que contengan fluosilicatos.

5. b) Se apartará un palmo del zócalo.

6. b) Son suelos sensibles a los productos alcalinos.

7. d) Todas son correctas.

8. d) Todas son correctas.

9. b) Lo que más les daña es el agua.

10. b) Lo que más les daña es el polvo.

11. b) Spray.

12. a) Su color.

13. d) Todas las respuestas son correctas.

14. d) Todo ello, emulsionado con agua.

15. c) Primero diamantado y después cristalizado.

16. d) Todas las respuestas son correctas.

17. b) El fregado con un solo cubo solo.

18. d) Al 10 %.

19. c) A las manchas de tinta.

20. a) Las manchas de cal del agua.

21 . b) Las manchas de chicles.

22. c) Aspiraremos en primer lugar las superficies que menos se ensucian y, posterior-mente las que más se ensucian (y si es preciso dos o tres veces).

23. c) Tener un umbral de toxicidad superior al del metilcloroformo 350 ppm.

24. b) Suelos textiles.

25. a) Suelos de cerámica.

26. a) Alcalino.

27. a) Utilizaremos productos que contengan fluosilicatos.

28. c) Primero diamantado y después cristalizado.

29. a) Se lavarán con agua y detergente neutro.

30. d) Son correctas la a) y la b).

31. a) Se humedecerán los papeles y carteles pegados a la superficie y se dejará actuar un rato.

32. c) Son correctas la a) y la b).

33. c) La presión y la temperatura variarán según el material de que esté compuesta la superficie.

34. d) Todas son correctas.

35. d) Todas son correctas.

36. b) No superior al 2 % para limpieza de paredes con grasa.

37. d) Las opciones a) y c) son correctas.

38. b) Se pulveriza el mop-sec con producto capta-polvo al menos 10 minutos antes de su utilización.

39. c) Con goma de borrar.

40. a) Se deberá eliminar el polvo de las mismas una vez al mes.

41. a) Bayeta suave de limpieza.

42. b) Después de la pared.

43. a) Con agua.

44. a) Se deben limpiar en seco.

45. a) Con goma de borrar o con una bola de miga de pan.

46. c) Tras el fregado de la pared debe secarse con una trapo seco.

47. c) De madera y entelada.

48. b) Semanalmente.

49. d) Tamponación.

50. a) Mopa húmeda.

51. b) Con aire a presión.

52. a) Techo, pared, suelo.

53. d) Todas son correctas.

54. c) Con agua y unas gotas de vinagre.

55. b) Con agua y jabón.

56. d) Un rasca-vidrios.

57. a) Los cristales deben limpiarse cuando les da el sol con el objeto de ver mejor las manchas.

58. d) Procuraremos no limpiarlos cuando el sol se refleje en ellos.

59. c) Diaria.

60. d) Todas son correctas.

61. b) Trimestral.

62. c) Apretar el muelle de acero en la parte inferior del mango.

63. a) Lavavidrios.

64. c) A lo largo.

65. a) Colocaremos una gamuza en el extremo del tubo, limpiando a lo largo del borde y en los rincones para quitar eventuales gotas de agua.

66. d) mantener los dos extremos de la correa conectados al punto de anclaje mientras se limpia la ventana.

67. b) Se limpia siempre de derecha a izquierda.

68. b) Una línea de trabajo y una línea de seguridad.

69. c) Cuerpo.

70. b) B.

71. c) Ligeramente inclinado a la derecha.

72. b) Centro.

73. b) Mineral.

74. d) Neutro o ligeramente alcalino.

75. a) Ácido.

76. a) Se deberá aplicar después de la limpieza, si es necesario, lejía en una concentración al 2 %.

77. d) Inodoro.

78. c) Para frotar por dentro el inodoro.

79. d) Detergente-desinfectante.

80. d) Cuantas sea necesario en función de la ocupación.

81. a) Lavabo.

82. d) Todas las respuestas son correctas.

83. b) 70 cm.

84. c) Barras de apoyo a altura adecuada ancladas firmemente junto al inodoro.

85. d) Todas las respuestas son correctas.

86. d) Todas las respuestas son correctas.

87. a) Altamente soluble.

88. d) Son correctas la a) y la b).

89. d) Son correctas la a) y la b).

90. a) Limpiar de lo menos sucio a lo más sucio para evitar contaminaciones.

91. d) Todas son correctas.

92. d) Son correctas la b) y la c).

93. c) La grasa y la mineral.

94. d) Debe ser sensible a las variaciones de pH.

95. b) Con carro mopa de doble cubo.

96. d) Todas son correctas.

97. d) Todas son correctas.

98. d) Son correctas la a) y la b).

99. d) Son correctas la a) y la c).

100. b) No, ya que de esa tarea se ocupan los correspondientes profesionales.

101. b) Con bayeta de tela sin tejer impregnada de solución de detergente multiusos.

102. b) Con un paño humedecido en solución de detergente neutro.

103. c) Semanalmente.

104. d) Son correctas la b) y la c).

105. d) Son correctas la a) y la c).

106. d) Quincenalmente.

107. a) Se limpiarán como el mobiliario lavable.

108. d) Se realizará sacudiendo suavemente los teclados.

109. b) Con una bayeta de tela sin tejer humedecida en solución de detergente neutro.

110. c) Muebles lavables, muebles no lavables y otros elementos (por ejemplo, ceniceros).

111. d) 45 cm.

112. d) Ninguna de las respuestas anteriores es correcta.

113. c) Una bayeta húmeda.

114. b) Productos antiestáticos.

115. d) Ninguna es correcta: esta limpieza será realizada por los profesionales del área.

116. a) Suelen cargarse de energía estática.

117. b) Eliminar el polvo de las zonas altas por encima de los hombros.

118. d) Barrer o pasar la mopa por los suelos de todo el colegio así como de sus accesos.

119. d) Utilizaremos trapos de microfibras, en vez de tela.

120. d) Todas las anteriores son correctas.

121. b) Mopear y fregar suelos duros.

122. b) Utilizar una bayeta humedecida en agua y un detergente neutro.

123. d) Todas las anteriores son correctas.

124. a) Limpieza de zonas y dependencias de uso no diario, archivos, sótanos.

125. b) Descontaminación.

126. c) En utilizar ácidos o bases para la limpieza se usan lejías o disolventes orgánicos y a continuación, en una solución de HC1 1N y aclarado con agua destilada.

127. d) Todas las anteriores son propiedades del ozono.

128. a) La desinfección de los conductos, atacando a la raíz del problema los microbios y la materia orgánica de que se alimentan.

129. a) Para cristalizar suelos calcáreos y frotar cacerolas de acero.

130. d) Plumero.

131. c) Lavándolas semanalmente con agua caliente y detergente neutro.

132. b) Son resistentes y adecuados contra ácidos y disolventes.

133. c) Mojador, rastrillo, rascador, gamuza y cubo rectangular.

134. a) Facilitan el acceso a zonas altas como techos y grandes ventanas.

135. c) Dos cubos de diferente color con escurrefregona o prensa.

136. a) Mojar la fregona en el cubo azul, escurrir en el cubo rojo, fregar en zigzag.

137. b) Aspiradora con vaporeta.

138. c) Realizan limpieza profunda en tejidos y tapicerías.

139. a) Serrín humedecido o arena aceitosa.

140. b) Depósito de agua, boquilla de vapor, cepillos y filtro de aspiradora.

141. c) Reacciones químicas peligrosas.

142. c) Reglamento (CE) 1272/2008 (CLP).

143. c) Cortes, pinchazos, sobreesfuerzos musculares.

144. b) Atrapamientos, caídas por cableado, electrocución, proyecciones de partículas a presión.

145. c) Arnés de seguridad.

146. b) Desconectar la máquina de la red eléctrica.

147. b) Resbalones en suelos húmedos.

148. b) Guantes de protección química y mecánica, mascarillas filtrantes, gafas de seguridad, calzado antideslizante, ropa de trabajo específica y chaleco reflectante.

149. c) Exposición a microorganismos en residuos orgánicos o zonas insalubres.

150. d) Leer y respetar siempre las etiquetas y fichas de datos de seguridad (FDS).

TEST N.º 3

Cerrajería/Carpintería: tareas básicas de cerrajería y carpintería. Herramientas y útiles de trabajo. Prevención de riesgos laborales y medidas de seguridad

1. La soldadura de hilo continuo bajo gas protector se produce por el arco que se establece entre el hilo y la pieza que se quiere soldar, en una atmósfera de gas inerte, en la que hilo y pieza se funden. Esta soldadura se denomina también:

a) Soldadura por puntos.
b) Soldadura blanda.
c) Soldadura MIG/MAG.
d) Soldadura oxiacetilénica.

2. El metal que generalmente se suele utilizar para la soldadura blanda es el:

a) Hierro.
b) Zinc.
c) Cobre.
d) Estaño.

3. El sistema de unión de pieza que aporta la ventaja de unir elementos de distintos materiales y no altera ni deforma las chapas finas es:

a) Soldadura dura.
b) Remachado.
c) Encolado y/o pegado.
d) Soldadura blanda.

4. En los sistemas de uniones de piezas y elementos, indica cuál de los siguientes no es un elemento de unión fijo:

a) Remache.
b) Pasador.
c) Soldadura.
d) Cola.

5. El remachado se puede considerar un sistema de unión:

a) Fijo.
b) Articulado.
c) Desmontable.
d) Las respuestas a) y c) son correctas.

6. Indica, entre los siguientes, cuál no es un tipo de pasador:

a) Elástico.
b) De aleta.
c) Cuadrado.
d) De horquilla.

7. Entre las más comúnmente utilizadas, encontramos las siguientes uniones articuladas:

a) Bisagras.
b) Tornillos.
c) Espárragos.
d) Tuercas.

8. Entre las más comúnmente utilizadas, encontramos las siguientes uniones desmontables:

a) Grapas.
b) Bridas.
c) Tornillos.
d) Todas las respuestas son correctas.

9. El sistema de unión desmontable que necesita un utillaje poco especializado para realizar las uniones o desmontajes de los elementos es:

a) Unión por grapas.
b) Unión por tornillos.
c) Unión por bridas.
d) Unión por pasadores.

10. Para la sujeción de cables o manguitos, podemos utilizar uniones mediante:

a) Grapas.
b) Tornillos.
c) Bridas.
d) Arandelas.

11. La pieza de metal que impide que dos piezas resbalen una sobre otras se llama:

a) Chaveta.
b) Anillo de seguridad.
c) Pasador.
d) Tuerca.

12. Para retirar clavos grandes de donde estén clavados la herramienta más adecuada es:

a) Pata de cabra.
b) Barra de uña.
c) Martillo.
d) Las respuestas a) y b) son correctas.

13. Para evitar el aflojamiento de tornillos en uniones de piezas u órganos de maquinarias que se hallan sometidas a fuertes vibraciones, debemos de adoptar soluciones de seguridad que eviten o dificulten ese aflojamiento. De entre las siguientes, ¿cuál no sería, en contra de la creencia general, un dispositivo de retención del aflojamiento?

a) Contratuerca.
b) Arandela de retención elástica.
c) Arandela Grower.
d) Pasador de aleta.

14. Cuando dos o más piezas deban de unirse de modo no permanente, es decir, que puedan desmontarse fácilmente, ya sea para revisión, traslado, etc., ¿qué sistema de unión sería el más adecuado?

a) Clavos.
b) Remaches.
c) Tornillos y tuercas.
d) Cola.

15. La parte cilíndrica del tornillo que mediante la rosca se une a la tuerca se llama:

a) Vástago.
b) Cabeza.
c) Caña.
d) Las respuestas a) y c) son correctas.

16. Una norma básica en el uso de tacos es que:

a) El diámetro del agujero debe ser un milímetro mayor al diámetro del taco.
b) El taco y el agujero deben de tener el mismo diámetro.

c) El diámetro del taco debe de ser un milímetro mayor al diámetro del agujero.

d) Ninguna de las opciones anteriores es correcta.

17. En cuanto al uso de tornillos en los tacos debemos de seleccionarlos teniendo presente la siguiente regla:

a) Usaremos tornillos cortos para que el taco se abra.

b) Usaremos tornillos cortos para que el taco quede firme.

c) Los tornillos cortos respecto del taco provocarán falta de firmeza y no se abrirán.

d) Las respuestas a) y b) son correctas.

18. Una norma básica en el taladro de paredes es:

a) Efectuar siempre la perforación de forma perpendicular al parámetro.

b) Efectuar siempre la perforación de forma oblicua al parámetro.

c) Efectuar el taladrado modificando la dirección del taladro mientras se perfora.

d) Efectuar el taladrado realizando pequeños movimientos circulares mientras se perfora.

19. ¿Cuál de los siguientes no es un motivo de rotura de una broca?

a) Cuando la broca no está bien fija al portabrocas.

b) Cuando la broca tenga el corte embotado o mal afilado.

c) Cuando el husillo portabrocas tenga juego.

d) Cuando no existan puntos porosos o duros en el material a taladrar.

20. Cuando coloquemos un remache, la longitud de este debe de ser superior a los elementos a unir en:

a) 2 a 3 mm.

b) 3 a 4 mm.

c) 2 a 3 cm.

d) 4 a 5 mm.

21. Identifica un lubricante sólido entre las opciones siguientes:

a) Colza.

b) Compound.

c) Azufre.

d) Resina.

22. La operación de tallar dibujos en forma de punta de diamante o de estrías en las superficies de las piezas, se denomina:

a) Moleteado.

b) Estriado.

c) Garfilado.
d) Las opciones a) y c) son correctas.

23. Como se llama también a un cincel grande:

a) Cortafríos.
b) Tajadera.
c) Maceta.
d) Tas.

24. El útil usado para reparar chapas que tiene por misión recibir los impactos de una maza o martillo por detrás de la pieza o plancha que se golpea se denomina:

a) Cincel
b) Cortafríos.
c) Tenaza.
d) Tas.

25. La bigornia es:

a) Un yunque sin puntas.
b) Un yunque de una punta.
c) Un yunque de dos puntas.
d) Un tipo de martillo.

26. En los destornilladores podemos diferenciar 3 partes. Indica la opción correcta:

a) Mango, vástago y cabeza.
b) Mando, vástago y cabeza.
c) Mando, vástago y punta.
d) Mango, cuerpo y punta.

27. En los destornilladores podemos disponer de cabezas diferentes. Indica la opción que corresponde con una cabeza en forma de estrella:

a) Phillips.
b) Torx normal.
c) Allen.
d) Pozodrlv.

28. Indica de las siguientes opciones cual es una cabeza de destornillador de tipo hexagonal:

a) Phillips.
b) Torx normal.

c) Allen.
d) Pozodriv.

29. Los destornilladores de precisión son usados principalmente en el oficio de:

a) Fontanero.
b) Relojero.
c) Carpintero.
d) Herrero.

30. ¿Cuál de las siguientes podemos incluir en un tipo de llave fija?

a) Inglesa.
b) De tubo.
c) Dullan.
d) Stillson.

31. El mantenimiento de los muebles de madera obedece principalmente a tres aspectos: conservación de la madera, restauración de su acabado y reparación de las roturas. ¿Cuál de estas prácticas es propia de la conservación de la madera?

a) Limpieza de la zona afectada: con un formón o una lija, o bien un cepillo, se descama la madera hasta eliminar toda la superficie carcomida.
b) Solo en las superficies barnizadas es posible desarrollar un mantenimiento a base de cuidar el acabado con tratamientos de nuevos barnices y ceras.
c) Es necesario revisar periódicamente los muebles y rociar sobre estos productos antiparásitos.
d) Es preciso desmontar la pieza suelta y volver a encolar con cola blanca para madera.

32. Las cerraduras son elementos de seguridad que bloquean el paso de ventanas y puertas. ¿Cuál de estos modelos de cerradura son las que se introducen en el canto de la puerta mediante una caja lograda con escoplo?

a) Cerraduras de embutir.
b) Cerraduras superpuestas.
c) Cerradura de tambor.
d) Ninguna de las anteriores es correcta.

33. En algunas ocasiones, las puertas se descuelgan o rozan con el suelo o el marco de la puerta, ¿cuál de estas respuestas indica la solución a los rozamientos de las puertas?

a) Para su arreglo se utiliza una masilla para PVC.
b) Pueden fijarse con listones de madera o masilla (marcos de madera) o con tiras de goma elástica (marcos de aluminio).

c) Se pueden introducir arandelas gruesas entre las bisagras para elevar 1 o 2 milímetros su altura.

d) Puede ser reparada con relativa facilidad siempre y cuando se trate de piezas engarzadas.

34. ¿Cuál de las siguientes afirmaciones es correcta en lo relativo al barnizado?

a) La fuerza y la velocidad pueden, generalmente, graduarse en todos los modelos.

b) Entre mano y mano de cualquier barniz, meteremos la brocha en agua, al no secarse el barniz las cerdas no se pegan.

c) El efecto de la veladura coloreada, a la vez que asoma la beta de la madera, se logra añadiendo el color en el diluyente y no directamente sobre el barniz.

d) Las respuestas b) y c) son correctas.

35. Señala cuál de las siguientes opciones constituye el primer paso en el proceso para arreglar la cinta de una persiana:

a) Volver a atornillar el cajón superior y colocar el resorte inferior empotrado a la pared.

b) Desatornillar el resorte inferior que enrolla la cinta.

c) Desatornillar el cajón superior de la ventana eliminando el resto de cinta rota.

d) Fijar la nueva cinta al tambor de la persiana.

36. Dentro del canteado de tableros, hay dos técnicas interesantes, según sea el canto que usemos. Señala una, de esas dos técnicas, que aparece entre las opciones:

a) Melamínico.

b) Algodón.

c) Rechapado.

d) Encolado.

37. ¿En cuál de estos aglomerados la madera es vulnerable a los cambios atmosféricos, sobre todo, a los debidos a la humedad?

a) Aglomerado de contrachapado.

b) Aglomerado de chapado.

c) Las respuestas a) y b) son correctas.

d) Ninguna de las anteriores es correcta.

38. Señala a qué clase de contrachapado corresponde la siguiente definición: "está indicado para usos industriales en los que la resistencia y durabilidad son las características primordiales. Las caras suelen ser de peor calidad":

a) Contrachapado náutico.

b) Contrachapado estructural.

c) Contrachapado exterior.

d) Contrachapado interior.

39. La madera puede clasificarse de diversas formas, entre ellas, la madera puede clasificarse dependiendo de si son duras o blandas. Señala cuál de las opciones es un ejemplo de madera blanda:

a) Cerezo.
b) Tilo.
c) Roble.
d) Ciprés.

40. Señala qué tipo de árbol se corresponde con la siguiente definición: "madera amarillenta con veteados oscuros. Su estructura es dura y compacta, y se pule muy bien. Se usa para objetos de lujo":

a) Olivo.
b) Abedul.
c) Eucalipto.
d) Pinsapo.

41. El hierro fue el primer material usado, de forma general, para complementar las construcciones de madera; ¿qué nombre reciben estos elementos metálicos incorporados?

a) Herramientas.
b) Herrajes.
c) Armas.
d) Útiles.

42. Los clavos son unas piezas metálicas, largas, delgadas y afiladas. Las puntas, por su parte, son clavos pequeños usados para trabajos finos y se distinguen según la forma de su cabeza. Siendo así, ¿cuál de las siguientes definiciones se corresponde con la punta de cabeza perdida?

a) Es un clavo de fuste delgado, se utiliza en las juntas a tope y a inglete. La cabeza se oculta en la superficie.
b) Sirven para sujetar vidrios, chapas de madera, etc.
c) Tienen un fuste de sección ovalada, lo que reduce el riesgo de rayar la madera. La cabeza se puede ocultar en la madera.
d) Se usa para sujetar alambradas o telas metálicas.

43. Las bisagras son los herrajes que utilizan los bastidores que tienen movimiento de rotación. De entre los más usados, cuál se corresponde con la siguiente definición: "son parecidos a las bisagras y con idéntica finalidad; también de ellos hay una gran variedad":

a) Bisagras.
b) Goznes.

c) Pernios.
d) Pivotes.

44. Las cerraduras son los herrajes más empleados para la función de cierre. Su órgano principal es el pestillo, que, como movimiento de deslizamiento rectilíneo, se introduce en una armella que va asegurada en un montaje fijo. Se distinguen entre ellas según su función, materiales y utilidad y constitución. En esta línea, ¿cuál de las siguientes opciones caracteriza a las cerraduras según su función?

a) Hierro.
b) Seguridad.
c) Cerraduras de carpintería.
d) Todas las anteriores son correctas.

45. Por su parte, los tiradores son herrajes esencialmente funcionales, pero también se usan con frecuencia como elemento decorativo para embellecer cajones y muebles. Clasificados según su diseño, señala cuál de estas opciones se ajusta a la siguiente definición: "se compone de una chapa de latón en la que se embute un asa pivotante o un aro. El tirador se empotra en el frente del cajón y se fija atornillado":

a) Tirador común.
b) Tirador de aldabilla.
c) Tirador de anilla.
d) Tirador de empotrar.

46. ¿Cuál de las siguientes afirmaciones se corresponde con la lezna?

a) Se utiliza solo para hacer pequeños agujeros en madera o para iniciar el atornillado de un tirafondo.
b) Es un instrumento para realizar pequeños agujeros en maderas, cueros, etc., con el objeto de que los tornillos agarren bien y no resbalen antes de usar el destornillador.
c) Es una herramienta en desuso debido a la proliferación de los taladros eléctricos y a los taladros o atornilladores de batería.
d) Es una barrena sin manija. Instrumento, generalmente de acero, para taladrar o hacer agujeros en superficies duras.

47. De entre estas herramientas manuales de carpintería, ¿cuál es la herramienta antecesora del taladro?

a) Barreno.
b) Berbiquí.
c) Broca.
d) Las respuestas a) y b) son correctas.

48. Las siguientes opciones responden a herramientas de corte, a excepción de:

a) Serrucho de costilla.
b) Segueta.
c) Brocas largas.
d) Sierra de bastidor o de San José.

49. Son herramientas de corte y vaciado:

a) Formones, gubias y escoplos.
b) Cuchillas, garlopas y guillamen.
c) Escofinas, limas y papel de lija.
d) Serruchos, sierras y seguetas.

50. La diferencia fundamental entre la escofina y la lima es que la lima se utiliza tanto para madera como para metales; en cambio, la escofina, solo se utiliza en maderas, ¿por qué?

a) La escofina no puede afilarse, por lo cual deberemos evitar el roce con clavos, tornillos, etc.
b) Los dientes de la escofina están completamente separados unos de otros. Para limpiar las limas y escofinas se utiliza una carda o cepillo de alambre.
c) Los cepillos o cardas sirven para aflojar las virutas de madera que se atascan entre los dientes de la escofina; después de la limpieza no se aplica aceite puesto que la escofina pierde mordida y la grasa se introduce en la madera y la ensucia.
d) Todas las anteriores son correctas.

51. ¿Cuál de las siguientes definiciones se corresponde con el martillo de ebanista?

a) Es un martillo con dos bocas diferentes, una plana para trabajo normal, clavar, golpear, etc., y la otra, con forma de cuña, sirve para golpear en algunos puntos inaccesibles, generalmente lo emplean los cristaleros, carpinteros y chapistas.
b) Este martillo es conocido por algunos autores como de peña, es un martillo ligero de poco peso, se utiliza para clavar clavos pequeños, grapas, etc.
c) Es un martillo ligero. La cabeza es redonda y alargada y la parte opuesta es ancha y dividida en dos sectores. Se usa para poner pequeños clavos y tachuelas.
d) Es una herramienta manual, cuya utilización principal es la de golpear, encajar partes o incluso romper objetos.

52. En los talleres de carpintería se usa tanto herramientas motorizadas como manuales. Señala cuál de ellas es la herramienta motorizada:

a) Cinceles.
b) Cepilladoras.
c) Barrenas.
d) Cepillos.

53. Señala cuál de las siguientes opciones se identifica con la siguiente definición: "generalmente, esta máquina es una sierra portátil. Se trata de una máquina diseñada para realizar cortes en diferentes ángulos y biseles, con la que se pueden realizar cortes de precisión y calidad":

a) Sierras circulares.
b) Ingletadora.
c) Lijadora de banda.
d) Sierra de calar empuñadura de pomo y de puente.

54. Este tipo de lijadora es de reciente aparición en la carpintería:

a) Lijadora mouse.
b) Lijadora triangular o delta.
c) Lijadora orbital.
d) Lijadora rotorbital.

55. Relativo a la lima eléctrica, una de estas afirmaciones es falsa:

a) Es útil para madera, metal, plástico, mampostería, cerámicos en superficies curvas y lugares pequeños, se utiliza para dar forma, limar y afilar. Posee un brazo estrecho, y como extras, tensión de la banda y colector de polvo.
b) Instrumento de trabajo tradicional en la carpintería y ebanistería. Es una herramienta ligera, puesto que no suelen ser de gran peso. Trabaja a una tensión de 220 voltios, debiendo, por tanto, adoptar las precauciones para máquinas eléctricas. Siempre trabaja sobre las piezas, para rebajarlas y en algunos casos labrarlas, logrando con varias pasadas devastar varios milímetros.
c) Esta máquina tiene el mismo principio de funcionamiento de una lijadora de banda. El papel de lija es angosto, de unos 13 mm, aproximadamente.
d) El sistema de tensar la banda en estas máquinas suele ser fácil de usar para prevenir que la cinta se salga de los rodillos mientras la herramienta está trabajando.

56. ¿Cuál de estas máquinas son fresadoras?

a) Talladora.
b) Ranuradora.
c) Engalletadora.
d) Todas las anteriores son correctas.

57. ¿Qué tipo de lijadora describe una órbita y gira sobre sí misma?

a) Lijadora de banda.
b) Lija rotorbital.
c) Lijadora triangular.
d) Lima eléctrica.

58. En relación a con las sierras circulares, ¿cuál de estas afirmaciones es cierta?

a) Tiene un motor con empuñadura y plataforma de apoyo y una guía lateral. Su hoja gira a gran velocidad, siendo más rápida que las sierras de calar.

b) Sirven para realizar cortes largos en línea recta en grandes superficies, fundamentalmente en aglomerados, maderas macizas, plásticos, etc. Estas máquinas nos permiten realizar cortes tanto en ángulo recto como en chaflán.

c) Las respuestas a) y b) son correctas.

d) Ninguna de las anteriores es correcta.

59. Esta máquina suele ser de gran tamaño de superficie lijadora, gira como lo haría un rodillo, la banda abrasiva alcanza hasta velocidades de 6,6 metros por segundo. Suelen tener mucha potencia de motor. Es una máquina que "muerde mucho"; si se desequilibra deforma la pieza, por tanto nunca la deberemos usar con maderas chapeadas. ¿Qué tipo de lijadora es?

a) Lijadora orbital.

b) Lima eléctrica.

c) Lijadora mouse.

d) Lijadora de banda.

60. En el mercado, el tipo más común de baterías para taladros suelen ser de dos tipos: níquel cadmio y níquel metal hidruro. ¿Cuál de estas opciones es la correcta para referirnos al níquel cadmio?

a) NiMH.

b) NiDc.

c) NiCd.

d) NiHM.

61. La unión de dos piezas de metal por medio de un soldante (generalmente estaño), se denomina:

a) Soldadura dura.

b) Plegado o empotramiento.

c) Soldadura blanda.

d) Remachado.

62. ¿Qué sistema de unión fija tiene el inconveniente de la corrosión galvánica que se crea entre los materiales a unir, al poner en contacto materiales de diferente poder electrolítico, así como que el material se debilita en las zonas perforadas?

a) El remachado.

b) El plegado o empotramiento.

c) La soldadura dura.

d) La soldadura blanda.

63. ¿Qué sistema de unión es el más utilizado, sobre todo para unir puertas?

a) El sistema de uniones desmontables.
b) El sistema de uniones fijas.
c) El sistema de uniones atornilladas.
d) El sistema de uniones articuladas.

64. Las uniones por grapas son una modalidad del sistema de uniones:

a) Atornilladas.
b) Desmontables.
c) Fijas.
d) Articuladas.

65. ¿Qué tipo de uniones se utilizan para la fijación de elementos de tapicería, carpintería, molduras y embellecedores y pueden tener como fin sujetar cables en pared, zócalos, etc.?

a) Las uniones por grapas.
b) Las uniones por bridas.
c) Las uniones atornilladas.
d) Los anillos de seguridad.

66. ¿Cómo se denomina la pieza de metal que impide que dos piezas resbalen una sobre otra y se utiliza mucho en ejes de motores que llevan carretes para poleas?

a) Anillo de seguridad.
b) Brida.
c) Chaveta.
d) Pasador.

67. Señala alguna de las herramientas que podemos utilizar para deshacer uniones con clavos o tornillos:

a) Escoplo.
b) Pata de cabra.
c) Taladro.
d) Todas las respuestas son correctas.

68. ¿Cómo se denomina el tornillo que consiste en una varilla roscada por un extremo, no tiene cabeza sino una ranura y su colocación se realiza entre la tuerca y el tornillo, taladrando previamente, y luego, roscando:

a) Tornillo articulado.
b) Tornillo hexagonal.
c) Tornillo prisionero.
d) Tornillo pasante.

69. ¿Qué nombre recibe la arandela que tiene una sección cuadrada, en forma de resorte helicoidal de un solo hilo, se coloca entre la cabeza de tuerca y la pieza que se aprieta, de modo que al rozar la cabeza comprime la arandela hasta que esta queda plana, pero la reacción de su material es de resorte, con lo cual aprieta la pieza roscada contra los hilos del tornillo, provocando un rozamiento que los mantiene unidos:

a) Arandela Grower.
b) Arandela plana.
c) Arandela dentada elástica.
d) Arandela contact.

70. Señala la respuesta incorrecta respecto a las técnicas para realizar taladros en paredes:

a) En hormigón poroso, con ladrillos ligeros, paredes de paneles de yeso, la broca solo debe girar, puesto que la percusión agranda el agujero.
b) Después de realizado el agujero, deberemos eliminar el polvo producido en su interior. De esta forma el taco asentará correctamente.
c) En baldosas, azulejos de baño, etc., el taladro se realiza con percusión para conseguir penetrar las baldosas más fácilmente.
d) Con la taladradora, provista de percutor, las perforaciones en las paredes de mortero y ladrillo resultan fáciles y rápidas.

71. ¿Qué herramienta utilizaremos para realizar pocos golpes con mucha fuerza de percusión?

a) Un taladro con giro y sin percusión.
b) Un taladro con martillo perforador.
c) Un taladro con percusión.
d) Ninguno de los anteriores.

72. Señala cuál de los siguientes es un lubricante sólido:

a) Los aceites compound.
b) Las resinas.
c) El grafito.
d) La colza.

73. ¿Cómo se denomina la operación de tallar dibujos en forma de punta de diamante o de estrías rectas en las superficies de las piezas?

a) Garfilado.
b) Lebrado.
c) Moleteado.
d) Las respuestas a) y c) son correctas.

74. ¿Qué nombre recibe la herramienta utilizada para cortar en frío y caliente, chapa, palastro y perfiles diversos y es una especie de martillo con el corte afilado?

a) Maceta.
b) Martillo de chapista.
c) Tajadera.
d) Cortafríos.

75. ¿Cómo se denomina el útil usado en las reparaciones de la chapa que tiene por misión recibir los impactos de una maza o martillo por detrás de la pieza o plancha que se golpea, y es como un pequeño yunque portátil?

a) Botador.
b) Bigornia.
c) Cortafríos.
d) Tas.

76. Señala la respuesta incorrecta:

a) La maceta es usada para golpear otros útiles como pueden ser cortafríos, cinceles, pequeñas estacas, etc.
b) Las macetas son herramientas para utilizar con ambas manos, y los mazos o mazas son herramientas con un mango más largo y menor peso, que pueden utilizarse con una sola mano.
c) Las macetas se pueden utilizar solas golpeando sobre el material a destruir, pero en muchas ocasiones se utiliza un elemento intermedio para concentrar la energía del golpe en una superficie pequeña para romper materiales de mayor dureza.
d) La cabeza de la maceta *(mochetas)* es de extremos iguales y equilibrados, siendo su principal característica el impacto provocado por su propio peso.

77. ¿Qué modelo de cabeza del remache proporciona el doble de superficie de apoyo que los remaches de cabeza alomada por lo tanto este estilo de cabeza nos permite remachar un material suave o quebradizo a un material rígido evitando su deformación?

a) La cabeza ancha.
b) La cabeza articulada.
c) La cabeza retráctil.
d) La cabeza avellanada.

78. ¿Qué nombre recibe el yunque con dos puntas opuestas?

a) Tas.
b) Botador.

c) Bigornia.
d) Tajadera.

79. ¿Cómo se denomina la herramienta realizada con una varilla de acero, afilada por el extremo, sin que llegue a estar aguzada y que se utiliza para embutir o retirar pasadores, etc.?

a) Botador.
b) Tas.
c) Bigornia.
d) Tenaza.

80. ¿Cuáles son los alicates especiales usados para el montaje de arandelas, tanto de interior como de exterior?

a) Alicates de corte.
b) Alicates universales.
c) Alicates de puntas.
d) Alicates para clips.

81. Señala la respuesta incorrecta respecto al uso de los alicates:

a) Cuando se usen los alicates para trabajos con electricidad, deberemos usarlas con sus mangos aislados.
b) Extender ligeramente los brazos de la herramienta con el fin de conseguir un mayor radio.
c) No utilizar estas herramientas como útiles de golpeo.
d) No utilizar esta herramienta para aflojar o apretar tuercas o tornillos, ya que deforman las aristas de unas y otros.

82. ¿Qué nombre recibe la parte del destornillador que se introduce en la cabeza del tornillo para hacerlo girar?

a) Cuña.
b) Vástago.
c) Cabeza.
d) Cuerpo.

83. ¿En qué tipo de destornillador la ranura se caracteriza por una forma estrellada de 6 puntas y gracias a su diseño resiste un mayor par de apriete que los demás, esto lo hace ideal para atornillados mecánicos?

a) Destornillador PZ.
b) Destornillador torx.

c) Destornillador de espiral.
d) Destornillador de carraca.

84. ¿Cómo se conoce también al destornillador de relojero que es utilizado en trabajos de electrónica y de relojería y pueden tener punta plana o estrellada?

a) Destornillador de precisión.
b) Destornillador de carrocero.
c) Destornillador de golpe.
d) Destornillador dinamométrico.

85. ¿Qué destornillador se caracteriza por tener un mango corto, grueso, y ser de corta varilla y su empleo se limita a la colocación de tornillos en sitios de difícil acceso y con escaso sitio para trabajar?

a) Destornillador de golpe.
b) Destornillador dinamométrico.
c) Destornillador de carrocero.
d) Destornillador de precisión.

86. ¿Qué destornillador utilizaremos para realizar uniones atornilladas de alta resistencia con un momento de apriete exacto (momento de giro), o cuando varias uniones atornilladas en una pieza constructiva deben tener la misma tensión?

a) Destornillador de precisión.
b) Destornillador de carrocero.
c) Destornillador de golpe.
d) El destornillador dinamométrico.

87. Señala la respuesta incorrecta respecto del atornillador de batería:

a) Cuentan con un interruptor que permite variar la velocidad de giro, y cambiar el sentido de este.
b) En estos atornilladores necesitan portabrocas de acceso rápido.
c) Para su recarga estos precisan un cargador exterior que funciona a una tensión de 220 v.
d) Suele contar (no en todas las marcas) con un ajuste del par de apriete, que es la función que permite ajustar la fuerza de apriete que precisemos en cada momento.

88. ¿Qué llave utilizaremos para apretar y aflojar tornillos de todas dimensiones?

a) La llave inglesa.
b) La llave de vaso.
c) La llave de carraca.
d) La llave fija.

89. ¿Qué llave utilizaremos para apretar y aflojar tornillos con especial rapidez?

a) La llave inglesa.
b) La llave de vaso.
c) La llave de carraca.
d) La llave fija.

90. ¿Qué llaves son también conocidas como llave de tenedor?

a) Las llaves de boca simple.
b) Las llaves de boca doble estrella.
c) Las llaves de doble roca.
d) Las llaves de boca fija.

91. ¿Qué llave permite una realización eficaz del trabajo en las partes de difícil acceso?

a) La llave allen.
b) La llave de media luna.
c) La llave de tubo.
d) La llave de estrella con carraca.

92. ¿Qué llave se caracteriza porque, en lugar de abrazar la tuerca, entra en la ranura de la cabeza que lleva el tornillo y tiene una cara hexagonal?

a) La llave allen.
b) La llave de estrella con carraca.
c) La llave de media luna.
d) La llave de tubo.

93. ¿Qué llave es también conocida como chicharra o llave de trinquete?

a) La llave de tubo.
b) La llave de vaso.
c) La llave de carraca.
d) La llave curvada.

94. ¿Qué llave se utiliza para apretar los tornillos que por sus condiciones de trabajo tienen que llevar un par de apriete muy exacto?

a) La llave de vaso en T.
b) La llave de media luna.
c) La llave dinamométrica.
d) La llave de carraca.

95. ¿Con qué llave podremos ejercer el esfuerzo de torsión necesario para apretar o aflojar tornillos que posean la cabeza que corresponde con la boca de la llave?

a) Con la llave allen.
b) Con la llave de cruz.
c) Con la llave de pasador.
d) Con la llave de carraca.

96. ¿Qué llave se utiliza para grandes tuercas redondas con agujeros, en los que se introduce el pasador o botón de la llave?

a) La llave de carraca.
b) La llave de cruz.
c) La llave de gancho.
d) La llave de pasador.

97. ¿Qué llave sirve para montar rodamientos pequeños con manguito de montaje y desmontar rodamientos pequeños con manguito de desmontaje en ambos casos ajustados con tuerca?

a) Las llaves de gancho.
b) Las llaves ajustables de botones.
c) Las llaves de extensión.
d) Las llaves de pasador.

98. ¿Cómo se denomina la operación consistente en eliminar material sobrante de una pieza con limas bastas?

a) Desbastado.
b) Rematado.
c) Afinado.
d) Pulido.

99. La lima no se deberá balancear durante el limado, habrá que limar con una velocidad:

a) De entre 60 y 70 pasadas por minuto.
b) De entre 50 y 60 pasadas por minuto.
c) De entre 40 y 50 pasadas por minuto.
d) De entre 30 y 40 pasadas por minuto.

100. Las hojas de sierra de mano se sujetan en "arcos", conocidos como:

a) Linner.
b) Sckol.
c) Archer.
d) Paicker.

101. ¿Qué lima utilizaremos para trabajos en esquinas?

a) Redonda.
b) Cuadrada.
c) Plana.
d) Semicircular.

102. ¿Qué lima utilizaremos para pulir superficies?

a) Una redonda.
b) Una cuadrada.
c) Una plana.
d) Una semicircular.

103. ¿Qué limas sirven para hacer mayores los agujeros y trabajar radios estrechos?

a) Las limas triangulares.
b) Las limas planas.
c) Las limas redondas.
d) Las limas cuadradas.

104. ¿Qué lima especial es usada normalmente por los mecánicos de precisión y los relojeros, y la espiga puntiaguda es sustituida por una cola cilíndrica lisa que permite asirla, siendo, por tanto, inútil el mango?

a) La lima de aguja.
b) La lima cuadrada.
c) La lima de Ginebra.
d) La lima fresa-giratoria.

105. ¿Qué lima especial sirve para perfeccionar las superficies de piezas mecánicas a ensamblar, quitando solo una pequeña cantidad de metal, siendo su picado siempre de paso pequeño (fino, muy fino o extrafino)?

a) La lima fresa-giratoria.
b) La lima redonda.
c) La lima de Ginebra.
d) La lima de aguja.

106. ¿Qué nombre reciben los cepillos de alambre fijados en un mango generalmente de madera que tienen formas y durezas diferentes, ya que se utilizan en diferentes trabajos?

a) Cardas.
b) Rayones.

c) Puercoespín.
d) Carborundos.

107. Señala la respuesta incorrecta respecto al carborundo:

a) Después del diamante es la piedra más dura.
b) Generalmente es de color rojizo.
c) Es casi tan duro como el diamante, con una dureza de 9,5 en la escala de Mohs y por consiguiente, usado como abrasivo.
d) Es un material artificial fabricado en hornos de encendido eléctrico con una carga de coque y arena.

108. ¿Qué modelo de cabeza del remache es la más utilizada debido a su gran versatilidad, proporciona suficiente superficie de soporte para fijar todo tipo de materiales, excepto materiales suaves y/o quebradizos?

a) La cabeza ancha.
b) La cabeza articulada.
c) La cabeza alomada.
d) La cabeza avellanada.

109. La maza es una herramienta usada por diferentes profesionales, el metalista, el albañil, etc., de un tamaño mayor que la "maceta" y destinada para el siguiente trabajo:

a) Clavar barras en el suelo.
b) Doblado de chapas metálicas.
c) Clavar estacas en el suelo.
d) Todas las respuestas son correctas.

110. ¿Qué modelo de cabeza del remache es utilizada cuando se requiere un acabado plano, es decir, que no sobresalga la cabeza del plano de las piezas a remachar y, además, proporciona un mayor espesor de remachado?

a) La cabeza ancha.
b) La cabeza articulada.
c) La cabeza alomada.
d) La cabeza avellanada.

111. Cuando coloquemos un remache la longitud de este debe ser superior a los elementos a unir:

a) 1 o 2 mm.
b) 2 mm como máximo.
c) De 3 a 4 mm.
d) De 5 a 6 mm.

112. ¿Cómo se denomina el elemento de fijación de piezas que consiste en unas pinzas que ejercen presión a través de un tornillo que las atraviesa por sus extremos y que sirve para sujetar piezas que, por sus características especiales o por el trabajo que deba hacerse con ellas, deban agarrarse con la mano?

a) Entenallas.
b) Abrazaderas.
c) Presillas.
d) Sargentas.

113. Señala la respuesta incorrecta respecto al remachado:

a) Cuando coloquemos un remache, la longitud de este debe ser igual a los elementos a unir.
b) Existen remaches de aleación de cobre y bronce, indicados para sitios que deban soportar calor.
c) Para soltar las uniones remachadas hay que retirar la cabeza del remache con un cincel cuidadosamente, y luego el eje con un martillo, ayudándose de un útil conocido como "botador".
d) El diámetro del agujero debe ser mayor del diámetro del remache 1/10.

114. Los moleteados pueden ser:

a) En diagonal.
b) En cruz.
c) En paralelo.
d) Todas las respuestas son correctas.

115. ¿Qué destornillador se utiliza para aflojar o apretar tornillos que van bastante apretados y su giro se produce mediante golpeo?

a) El destornillador torx.
b) El destornillador de huella cruciforme.
c) El destornillador de golpe.
d) El destornillador de impacto.

116. ¿Qué modelo de cerradura se fija sin perforar la madera de la puerta ni embutirla, sino que se atornilla con tirafondos y se coloca en la parte interna de la puerta?

a) Las cerraduras de tambor.
b) Las cerraduras superpuestas.
c) Las cerraduras atornilladas.
d) Las cerraduras de embutir.

117. Cuando vayamos a colocar una cerradura embutida lo primero que debemos hacer es marcar el lugar en el que irá situada la cerradura que será aproximadamente a:

a) 90 centímetros del suelo.
b) 105 centímetros del suelo.
c) 120 centímetros del suelo.
d) 150 centímetros del suelo.

118. Señala la respuesta incorrecta respecto a la reparación de una puerta que cierra mal:

a) Las bisagras no necesitan mantenimiento ya que disponen de aceite para su autoengrase con el fin de evitar ruidos.
b) Para corregir los rozamientos se pueden introducir arandelas gruesas entre las bisagras para elevar 1 o 2 milímetros su altura.
c) En caso de que la puerta roce con el marco será preciso cepillar con un cepillo de carpintero el canto de la puerta.
d) La operación de cepillado de la puerta tendrá que hacerse con la puerta descolgada y tumbada, dejando el canto a cepillar hacia arriba.

119. A la hora de aplicar barniz, la primera mano se aplicará:

a) Muy espesa (50 % de barniz y 50 % de diluyente).
b) Espesa (30 % de barniz y 70 % de diluyente).
c) Diluida (20 % de barniz y 80 % de diluyente)
d) Muy diluida (10 % de barniz y el resto diluyente).

120. ¿Cuánto tiempo habrá que dejar para que se seque entre la primera y la segunda mano de barniz?

a) 8 horas.
b) 12 horas.
c) 24 horas.
d) 48 horas.

121. ¿Hasta transcurridas cuántas horas no se deberá poner en posición vertical una pieza recién barnizada?

a) Hasta pasadas, al menos, 6 horas.
b) Hasta pasadas, al menos, 8 horas.
c) Hasta pasadas, al menos, 12 horas.
d) Hasta pasadas, al menos, 24 horas.

122. ¿Cómo se denomina también al barniz a la muñequilla?

a) Barniz a la laca.
b) Barniz de goma.
c) Pulimento inglés.
d) Pulimento francés.

123. ¿Cuál es el contrachapado más usual?

a) El "Matusalén".
b) El "Mancinella".
c) El "okume".
d) El "fresa".

124. ¿Qué tipo de contrachapado está indicado para usos industriales en los que la resistencia y durabilidad son las características primordiales y sus caras suelen ser de peor calidad?

a) Contrachapado estructural.
b) Contrachapado de exterior.
c) Contrachapado náutico.
d) Contrachapado de interior.

125. ¿En qué dos espesores se fabrican los estratificados?

a) En 0,5 y en 1 mm.
b) En 0,6 y en 1,2 mm.
c) En 0,7 y en 1,3 mm.
d) En 0,8 y 1,5 mm.

126. Señala la respuesta incorrecta respecto a los estratificados:

a) El estratificado no requiere ningún mantenimiento especial puesto que su limpieza se realiza con agua y jabón.
b) El estratificado de 0,8 mm, debido a su especial resistencia, se emplea en aquellos casos donde esta cualidad sea imprescindible.
c) El estratificado se utiliza ampliamente para la fabricación de revestimientos de suelo, paneles decorativos o muebles.
d) El estratificado se fija con cola de contacto *(neopreno)* y se aplica por capa fina sobre las caras de contacto.

127. ¿Qué tipo de material se utiliza principalmente como traseras de muebles y fondos de cajones a juego con los tableros plastificados o como revestimiento decorativo de paredes y forrado de armarios pegándose directamente con masilla de fijación?

a) Tablex.
b) Tablero de DM.

c) Tablex melamínico.
d) Madera de tilo.

128. ¿Qué porcentaje de la madera ocupa la celulosa?

a) El 60 %.
b) El 50 %.
c) El 30 %.
d) El 20 %.

129. ¿Qué nombre recibe la madera que se encuentra en estado de elaboración, posee más humedad y un color más claro que el duramen?

a) Albura.
b) Médula.
c) Cámbium.
d) Meollo.

130. Señala cuál de las siguientes maderas no se cataloga como dura:

a) Arce.
b) Roble.
c) Abedul.
d) Cerezo.

131. ¿Cuál de las siguientes maderas de especie resinosa tiene color blanquecino y se emplea en construcción y carpintería?

a) El ciprés.
b) El abeto.
c) El pinsapo.
d) El pino de Canarias.

132. ¿Cómo se denomina a la resistencia que opone la madera a un esfuerzo que tiende a deformar la madera mediante un giro normal a su eje longitudinal?

a) Compresión.
b) Tracción.
c) Torsión.
d) Flexión.

133. ¿Cómo se denominan las puntas que tienen la cabeza doblada en forma de codo?

a) Escarpia o alcayata.
b) Horquilla o grapa.
c) Ovaladas.
d) De sección cuadrada.

134. ¿Cómo se denomina el embellecedor de latón cromado con una espiga que se enrosca a la cabeza de unos tornillos embutidos especiales que se utilizan para sujetar espejos?

a) Óvalo de collarín.
b) Embellecedor de luna.
c) Embellecedor de agarre automático.
d) Embellecedor de anclaje.

135. Señala cuál de las siguientes no es un tipo de fallebas:

a) Cremona.
b) Grisan.
c) Francesa.
d) Españoleta.

136. ¿Cómo se denomina el tirador que suelen llevar en el centro del aro colgante una moldura, casi siempre en forma de lágrima, para mejor agarre de los dedos?

a) Tirador común.
b) Tirador de empotrar.
c) Tirador de anilla.
d) Tirador de aldabilla.

137. ¿En qué modelo de cerradura la misma se encuentra en el tambor de la esfera del pomo?

a) En la cerradura de tambor.
b) En la cerradura superpuesta.
c) En la cerradura atornillada.
d) En la cerradura de embutir.

138. Señala la respuesta incorrecta respecto al berbiquí:

a) El poder de penetración depende del tipo de broca que se monte y principalmente del radio de la manivela.
b) Es un manubrio semicircular giratorio que lleva encajada en un extremo la broca.
c) Una mano sostiene firmemente un extremo mientras se provoca el giro de la herramienta con la otra mano.
d) Solamente se utiliza para materiales duros.

139. ¿Qué tipo de brocas se usan para realizar trabajos sobre maderas y aglomerados, y dentro de las maderas solo las usaremos, a ser posible, sobre las blandas?

a) Las brocas de pala.
b) Las brocas de sierra.

c) Las brocas avellanadoras.
d) Las brocas escofina.

140. ¿Cómo se conocen vulgarmente las brocas de mampostería?

a) Brocas avellanadoras.
b) Brocas forstner.
c) Brocas escofina.
d) Brocas de widia.

141. ¿Qué tipo de serrucho o sierra se emplea fundamentalmente en el corte de ingletes, de colas de milano, de espigas y de otras ejecuciones de ensambles, en general, en cortes de pequeña longitud?

a) El serrucho corriente.
b) El serrucho de costilla.
c) La sierra de bastidor.
d) El serrucho de punta.

142. Señala la respuesta incorrecta respecto al papel de lija:

a) El papel de lija nunca se debe cortar con tijera, lo que hay que hacer es rasgarlo a la medida que necesitemos sobre la arista de alguna pieza.
b) El papel de lija nunca debe usarse sujetándolo únicamente con los dedos, puesto que puede provocar lesiones.
c) El lijado en maderas se realizará en dirección contraria a la veta, a excepción de los trabajos que sean de devastado.
d) Para quitar el polvo en la lija golpearemos fuertemente el taco con el papel contra el borde del banco, etc., para eliminar dicho polvillo.

143. ¿Cómo se conoce al cepillo de carpintero caracterizado porque su hierro es de la misma anchura que la caja que lo contiene y que se utiliza para hacer rebajes?

a) Formón.
b) Guillamen.
c) Gubia.
d) Garlopín.

144. ¿Qué martillo se utiliza para clavar clavos largos y proceder a la extracción?

a) El martillo de orejas.
b) El martillo de peña.
c) El martillo tapicero.
d) El martillo de ebanista.

145. ¿Cómo se conoce la herramienta realizada con una varilla de acero, afilada por el extremo, sin que llegue a estar aguzada y que se utiliza para embutir clavos?

a) Embutador.
b) Gubia.
c) Maza.
d) Botador.

146. ¿Cuáles son las grapadoras más útiles puesto que la fuerza para grapar se genera en el compresor, no en el aparato, y por tanto tienen más potencia útil?

a) Las grapadoras eléctricas.
b) Las grapadoras de aire comprimido.
c) Las grapadoras manuales.
d) Las grapadoras de presión.

147. ¿Cómo se conocen también las sierras de calar?

a) Modulares.
b) Oscilobatientes.
c) De vaivén.
d) Fresadoras.

148. ¿Qué tipo de hojas de sierra se usan para cortar materiales blandos?

a) Las hojas de sierra de aluminio.
b) Las hojas de sierra de acero al carbono.
c) Las hojas de sierra de acero rápido (HSS).
d) Las hojas de sierra cubiertas de granos de metal duro.

149. ¿Qué tipo de sierras sirven para realizar cortes largos en línea recta en grandes superficies, fundamentalmente en aglomerados, maderas macizas, plásticos, etc., así como realizar cortes tanto en ángulo recto como en chaflán?

a) Las sierras reciprocantes.
b) Las sierras de cadena.
c) Las sierras circulares.
d) Las sierras sin fin.

150. ¿Qué tipo de lijadora se utiliza para el lijado de grandes superficies en maderas, metales, plásticos, etc.?

a) Lijadora rotorbital.
b) Lijadora orbital.
c) Lijadora mouse.
d) Lijadora de banda.

151. ¿Qué tipo de lijadora está indicada sobre todo para el pulido fino de superficies planas?

a) La lijadora rotorbital.
b) La lijadora orbital.
c) La lijadora mouse.
d) La lijadora de banda.

152. ¿Cuál de las siguientes lijadoras está especialmente indicada para su aplicación en lugares de difícil acceso gracias a su reducido tamaño?

a) La lijadora rotorbital.
b) La lijadora orbital.
c) La lijadora mouse.
d) La lijadora de banda.

153. ¿Con qué tipo de lijadora se llega más fácilmente a las esquinas y ángulos de acceso complicado?

a) Con la lijadora delta.
b) Con la lijadora de banda.
c) Con la lijadora orbital.
d) Con la lijadora mouse.

154. ¿Cuántos milímetros aproximadamente tiene el papel de lija de la lima eléctrica?

a) 10.
b) 13.
c) 15.
d) 18.

155. Señala cuál de los siguientes no es un consejo apropiado para la manipulación segura de las máquinas de cepillado y labrado:

a) Cambia sierras, discos, lijas y brocas con la herramienta desconectada del suministro eléctrico.
b) Ten la precaución de utilizar el cable por detrás de la herramienta de corte.
c) Revisa el estado del cable y de la ficha cuando comiences el trabajo.
d) Las herramientas eléctricas nunca deben dejarse en funcionamiento cuando no estén ni deben dejarse en el suelo donde pueden ser pisadas.

156. ¿Con qué nombre se conoce también la lijadora rotorbital?

a) De disco.
b) Excéntrica.

c) De vaivén.

d) Todas las respuestas son correctas.

157. Señala la respuesta incorrecta respecto a los cepillos eléctricos:

a) Tienen una sencilla graduación de profundidad de corte según el fabricante, desde los 0,5 mm a los 3 mm o incluso más, que pueden alcanzar los cepillos de gran potencia.

b) Estos cepillos trabajan a una tensión de 220 voltios, debiendo, por tanto, adoptar las precauciones para máquinas eléctricas.

c) La diferencia entre los distintos cepillos del mercado es su potencia: en el ancho de cepillado una medida estándar es de 82 mm y la longitud de la base.

d) Las cuchillas con denominación "HSS" *(acero rápido)* son mejores que las "MD" *(metal duro)*, ya que son más resistentes.

158. Cuando la fresadora se deja en posición estacionaria se denomina:

a) En T.

b) Tupí.

c) Estándar.

d) En punto 0.

159. ¿Qué modelo de cerradura se introduce en el canto de la puerta mediante una caja lograda con escoplo?

a) Las cerraduras de tambor.

b) Las cerraduras superpuestas.

c) Las cerraduras atornilladas.

d) Las cerraduras de embutir.

160. El instrumento para realizar pequeños agujeros en maderas, cueros, etc., con el objeto de que los tornillos agarren bien y no resbalen antes de usar el destornillador, se conoce como:

a) Berbiquí.

b) Lezna.

c) Barreno.

d) Barrena.

161. ¿Qué nombre recibe también el contrachapado?

a) Triplay.

b) Chapasándwich.

c) Okune.

d) Railite.

162. ¿Qué espesor tiene el "contrachapado de modelismo" y de qué madera está hecho?

a) De 0,2 a 3 mm de espesor y consta de láminas muy finas de pino.
b) De 0,3 a 3 mm de espesor y consta de láminas muy finas de abeto.
c) De 0,5 a 5 mm de espesor y consta de láminas muy finas de abedul.
d) De 0,5 a 7 mm de espesor y consta de láminas muy finas de chopo.

163. Señala cuál de las siguientes maderas es de color blanco amarillo, o amarillo verdoso, su estructura es fina, dura, flexible y de fibras gruesas, resiste a la carcoma y crece rápido y se endurece en el agua:

a) Acacia.
b) Eucalipto.
c) Boj.
d) Nogal.

164. Indica cuál de las siguientes es una madera de las clasificadas como blandas:

a) Castaño.
b) Cerezo.
c) Álamo.
d) Olivo.

165. Señala cuál de las siguientes maderas exóticas tiene color rosa asalmonado, es resistente a pudriciones y fácilmente labrable:

a) Caoba colonial.
b) Balsa.
c) Limoncillo.
d) *Okumé.*

166. ¿Cuál de las siguientes maderas es de color blanco amarillento y duramen marrón y es considerada imputrescible por su larga duración?

a) El ébano.
b) El tejo.
c) La caoba.
d) El pino de Flandes.

167. Señala cuál de las siguientes no es una propiedad de la madera:

a) La resistencia a la flexión es fundamental en la utilización de madera en estructuras, como viguetas, travesaños y vigas de todo tipo.
b) La elasticidad y la resonancia de la picea la convierten en el material más apropiado para construir pianos de calidad.

c) La madera siempre es mucho más fuerte cuando se corta en la dirección contraria a la veta.

d) La madera tiene una alta resistencia a la compresión, en algunos casos superior, con relación a su peso a la del acero.

168. ¿Cómo se denominan las capas del tronco que han adquirido la máxima consistencia, desarrollo y resistencia, suelen ser más oscuras que el resto de capas, rodean al meollo y forman la mayor parte del tronco del árbol?

a) Albura.
b) Médula.
c) Duramen.
d) Meollo.

169. ¿Qué tipo de puntas se utilizan para la sujeción de flejes?

a) Las puntas de cabeza mixta.
b) Las puntas de cabeza convexa.
c) Las puntas de cabeza cónica.
d) Las puntas de cabeza redonda.

170. ¿Qué tipo de puntas van embutidas en la madera con el botador?

a) Las puntas de cabeza mixta.
b) Las puntas sin cabeza.
c) Las puntas de cabeza cónica.
d) Las puntas de cabeza redonda.

Solución al test n.º 3

1. c) Soldadura MIG/MAG.

2. d) Estaño.

3. c) Encolado y/o pegado.

4. b) Pasador.

5. d) Las respuestas a) y c) son correctas.

6. c) Cuadrado.

7. a) Bisagras.

8. d) Todas las respuestas son correctas.

9. b) Unión por tornillos.

10. c) Bridas.

11. a) Chaveta.

12. d) Las respuestas a) y b) son correctas.

13. a) Contratuerca.

14. c) Tornillos y tuercas.

15. d) Las respuestas a) y c) son correctas.

16. b) El taco y el agujero deben de tener el mismo diámetro.

17. c) Los tornillos cortos respecto del taco provocarán falta de firmeza y no se abrirán.

18. a) Efectuar siempre la perforación de forma perpendicular al paramento.

19. d) Cuando no existan puntos porosos o duros en el material a taladrar.

20. b) 3 a 4 mm.

21. c) Azufre.

22. d) Las opciones a) y c) son correctas.

23. a) Cortafríos.

24. d) Tas.

25. c) Un yunque de dos puntas.

26. a) Mango, vástago y cabeza.

27. b) Torx normal.

28. c) Allen.

29. b) Relojero.

30. b) De tubo.

31. c) Es necesario revisar periódicamente los muebles y rociar sobre estos productos antiparásitos.

32. a) Cerraduras de embutir.

33. c) Se pueden introducir arandelas gruesas entre las bisagras para elevar 1 o 2 milímetros su altura.

34. d) Las respuestas b) y c) son correctas.

35. b) Desatornillar el resorte inferior que enrolla la cinta.

36. d) Encolado.

37. a) Aglomerado de contrachapado.

38. b) Contrachapado estructural.

39. b) Tilo.

40. a) Olivo.

41. b) Herrajes.

42. a) Es un clavo de fuste delgado, se utiliza en las juntas a tope y a inglete. La cabeza se oculta en la superficie.

43. c) Pernios.

44. b) Seguridad.

45. d) Tirador de empotrar.

46. b) Es un instrumento para realizar pequeños agujeros en maderas, cueros, etc., con el objeto de que los tornillos agarren bien y no resbalen antes de usar el destornillador.

47. b) Berbiquí.

48. c) Brocas largas.

49. a) Formones, gubias y escoplos.

50. d) Todas las anteriores son correctas.

51. b) Este martillo es conocido por algunos autores como de peña, es un martillo ligero de poco peso, se utiliza para clavar clavos pequeños, grapas, etc.

52. b) Cepilladoras.

53. b) Ingletadora.

54. a) Lijadora mouse.

55. b) Instrumento de trabajo tradicional en la carpintería y ebanistería. Es una herramienta ligera, puesto que no suelen ser de gran peso. Trabaja a una tensión de 220 voltios, debiendo, por tanto, adoptar las precauciones para máquinas eléctricas. Siempre trabaja sobre las piezas, para rebajarlas y en algunos casos labrarlas, logrando con varias pasadas devastar varios milímetros.

56. d) Todas las anteriores son correctas.

57. b) Lija rotorbital.

58. c) Las respuestas a) y b) son correctas.

59. d) Lijadora de banda.

60. c) NiCd.

61. c) Soldadura blanda.

62. a) El remachado.

63. d) El sistema de uniones articuladas.

64. b) Desmontables.

65. a) Las uniones por grapas.

66. c) Chaveta.

67. d) Todas las respuestas son correctas.

68. c) Tornillo prisionero.

69. a) Arandela Grower.

70. c) En baldosas, azulejos de baño, etc., el taladro se realiza con percusión para conseguir penetrar las baldosas más fácilmente.

71. b) Un taladro con martillo perforador.

72. c) El grafito.

73. d) Las respuestas a) y c) son correctas.

74. c) Tajadera.

75. d) Tas.

76. b) Las macetas son herramientas para utilizar con ambas manos, y los mazos o mazas son herramientas con un mango más largo y menor peso, que pueden utilizarse con una sola mano.

77. a) La cabeza ancha.

78. c) Bigornia.

79. a) Botador.

80. d) Alicates para clips.

81. b) Extender ligeramente los brazos de la herramienta con el fin de conseguir un mayor radio.

82. c) Cabeza.

83. b) Destornillador torx.

84. a) Destornillador de precisión.

85. c) Destornillador de carrocero.

86. d) El destornillador dinamométrico.

87. b) En estos atornilladores necesitan portabrocas de acceso rápido.

88. a) La llave inglesa.

89. c) La llave de carraca.

90. d) Las llaves de boca fija.

91. b) La llave de media luna.

92. a) La llave allen.

93. c) La llave de carraca.

94. c) La llave dinamométrica.

95. b) Con la llave de cruz.

96. d) La llave de pasador.

97. a) Las llaves de gancho.

98. a) Desbastado.

99. b) De entre 50 y 60 pasadas por minuto.

100. d) Paicker.

101. b) Cuadrada.

102. c) Una plana.

103. c) Las limas redondas.

104. a) La lima de aguja.

105. c) La lima de Ginebra.

106. a) Cardas.

107. b) Generalmente es de color rojizo.

108. c) La cabeza alomada.

109. d) Todas las respuestas son correctas.

110. d) La cabeza avellanada.

111. c) De 3 a 4 mm.

112. a) Entenallas.

113. a) Cuando coloquemos un remache, la longitud de este debe ser igual a los elementos a unir.

114. d) Todas las respuestas son correctas.

115. c) El destornillador de golpe.

116. b) Las cerraduras superpuestas.

117. b) 105 centímetros del suelo.

118. a) Las bisagras no necesitan mantenimiento ya que disponen de aceite para su autoengrase con el fin de evitar ruidos.

119. d) Muy diluida (10 % de barniz y el resto diluyente).

120. c) 24 horas.

121. a) Hasta pasadas, al menos, 6 horas.

122. d) Pulimento francés.

123. c) El "okume".

124. a) Contrachapado estructural.

125. d) En 0,8 y 1,5 mm.

126. b) El estratificado de 0,8 mm, debido a su especial resistencia, se emplea en aquellos casos donde esta cualidad sea imprescindible.

127. c) Tablex melamínico.

128. b) El 50 %.

129. a) Albura.

130. c) Abedul.

131. d) El pino de Canarias.

132. c) Torsión.

133. a) Escarpia o alcayata.

134. b) Embellecedor de luna.

135. c) Francesa.

136. d) Tirador de aldabilla.

137. a) En la cerradura de tambor.

138. d) Solamente se utiliza para materiales duros.

139. a) Las brocas de pala.

140. d) Brocas de widia.

141. b) El serrucho de costilla.

142. c) El lijado en maderas se realizará en dirección contraria a la veta, a excepción de los trabajos que sean de devastado.

143. b) Guillamen.

144. a) El martillo de orejas.

145. d) Botador.

146. b) Las grapadoras de aire comprimido.

147. c) De vaivén.

148. b) Las hojas de sierra de acero al carbono.

149. c) Las sierras circulares.

150. d) Lijadora de banda.

151. b) La lijadora orbital.

152. c) La lijadora mouse.

153. a) Con la lijadora delta.

154. b) 13.

155. c) Revisa el estado del cable y de la ficha cuando comiences el trabajo.

156. d) Todas las respuestas son correctas.

157. d) Las cuchillas con denominación "HSS" (acero rápido) son mejores que las "MD" (metal duro), ya que son más resistentes.

158. b) Tupí.

159. d) Las cerraduras de embutir.

160. b) Lezna.

161. a) Triplay.

162. c) De 0,5 a 5 mm de espesor y consta de láminas muy finas de abedul.

163. a) Acacia.

164. c) Álamo.

165. d) Okumé.

166. b) El tejo.

167. c) La madera siempre es mucho más fuerte cuando se corta en la dirección contraria a la veta.

168. c) Duramen.

169. b) Las puntas de cabeza convexa.

170. c) Las puntas de cabeza cónica.

TEST N.º 4

Electricidad: conceptos generales. Breve referencia a la instalación eléctrica en edificios. Herramientas y útiles. Su mantenimiento. Averías y reparaciones básicas. Prevención de riesgos laborales y medidas de seguridad

1. ¿Qué información proporciona un esquema unifilar de una vivienda?

a) Solo el consumo eléctrico mensual.
b) Exclusivamente la ubicación de los enchufes.
c) Únicamente la sección de los conductores.
d) El número de circuitos instalados, características de conductores, protecciones e identificación de receptores.

2. ¿Qué circuito corresponde a la iluminación en una electrificación básica?

a) C1.
b) C2.
c) C4.
d) C5.

3. En una electrificación elevada, ¿qué circuito se destina a la calefacción?

a) C2.
b) C5.
c) C8.
d) C11.

4. ¿Cómo se conectan habitualmente las lámparas en un circuito de iluminación?

a) En serie, para ahorrar energía.
b) En paralelo, para alimentarlas a su tensión nominal y evitar bloqueo del conjunto.
c) Mixto, combinando paralelo y serie.
d) En cascada, desde un único interruptor.

5. ¿Qué elemento permite el encendido y apagado de una lámpara desde dos puntos distintos?

a) Pulsador.
b) Relé.
c) Conmutadores.
d) Interruptor simple.

6. ¿Qué dispositivo se añade al circuito para gobernar una lámpara desde tres puntos?

a) Relé térmico.
b) Contactores.
c) Dos interruptores simples.
d) Un conmutador de cruzamiento.

7. ¿Qué componente es necesario en las instalaciones de tubos fluorescentes para su encendido?

a) Transformador y fusible.
b) Cebador y reactancia.
c) Conmutador y pulsador.
d) Temporizador y relé.

8. ¿Cuál es el diagnóstico si un interruptor automático diferencial se dispara?

a) Tornillos flojos.
b) Fusibles fundidos.
c) La instalación posee una derivación a tierra.
d) Exceso de consumo.

9. ¿Cada cuántos años debe comprobarse el aislamiento de la instalación interior de baja tensión?

a) Cada año.
b) Cada cinco años.
c) Cada tres años.
d) Cada diez años.

10. ¿Qué norma internacional regula los símbolos gráficos para esquemas eléctricos adoptada en España como UNE-EN 60617?

a) ISO 14001.
b) EN 50160.
c) IEC 60617.
d) IEC 60204.

11. ¿Qué norma regula las condiciones de seguridad de las instalaciones eléctricas de baja tensión en España?

a) ITC-BT-21.
b) UNE 20315.
c) Reglamento de Instalaciones Industriales.
d) Reglamento Electrotécnico para Baja Tensión (RBT).

12. ¿Qué tensión nominal máxima define a una instalación eléctrica de baja tensión en corriente alterna según el RBT?

a) 1.000 V.
b) 750 V.
c) 500 V.
d) 2.000 V.

13. ¿Qué circuito de electrificación básica alimenta los puntos de iluminación en una vivienda?

a) C2.
b) C3.
c) C1.
d) C4.

14. En electrificación elevada, ¿qué circuito se destina a la recarga de vehículos eléctricos?

a) C9.
b) C11.
c) C13.
d) C12.

15. ¿Cuál es la caída de tensión máxima permitida en los circuitos interiores de viviendas?

a) 1 %.
b) 2 %.
c) 3 %.
d) 5 %.

16. ¿Qué número mínimo de tomas de corriente C2 debe haber en una sala de estar de hasta 10 m²?

a) 1.
b) 2.
c) 3.
d) 4.

17. ¿Qué circuito corresponde a la cocina y horno en electrificación básica?

a) C3.
b) C2.
c) C5.
d) C4.

18. ¿A qué esquema de distribución se conectan normalmente las viviendas en baja tensión?

a) Esquema IT.
b) Esquema TT.
c) Esquema TN-S.
d) Esquema TN-C.

19. ¿Qué color identifica obligatoriamente al conductor neutro en una instalación eléctrica?

a) Verde/amarillo.
b) Marrón.
c) Azul claro.
d) Gris.

20. ¿Qué volumen comprende el interior de la bañera o ducha en locales con agua?

a) Volumen 1.
b) Volumen 0.
c) Volumen 2.
d) Volumen 3.

21. ¿Cuál es la función principal de los alicates de corte en electricidad?

a) Doblar alambres en ángulo recto.
b) Sujetar tornillos deformados.
c) Desforrar conductores.
d) Cortar cables de forma adecuada sin desprender virutas.

22. ¿Qué utilidad tienen los alicates de punta acodada en electricidad?

a) Pelar cables gruesos.
b) Facilitar el acceso a componentes difíciles, doblar patillas, preparar terminales y disipar calor al soldar.
c) Sujetar piezas de chapa en ángulo recto.
d) Curvar alambres en espiral.

23. ¿Qué precaución debe observarse al usar alicates pelacables?

a) Usarlos únicamente en cables de gran sección.
b) Aplicar presión máxima para asegurar el corte.
c) Pelar siempre con corriente para comprobar continuidad.
d) Emplearlos siempre con cables sin corriente.

24. ¿Para qué sirven principalmente las tijeras de electricista?

a) Cortar metales duros.
b) Sujetar tornillos.
c) Cortar papel, cartón, hilos, cables de pequeña sección y pelar conductores.
d) Realizar soldaduras.

25. ¿Qué potencia no debe superar un soldador de lápiz en electrónica?

a) 20 W.
b) 35 W.
c) 50 W.
d) 70 W.

26. ¿Qué material se utiliza habitualmente para fabricar el tubo corrugado de instalaciones empotradas?

a) Aluminio.
b) Cobre.
c) PVC.
d) Polietileno de alta densidad.

27. ¿Qué color identifica los tubos corrugados destinados a instalaciones eléctricas?

a) Blanco.
b) Marrón.
c) Negro.
d) Verde.

28. ¿Qué herramienta se utiliza para medir resistencia eléctrica en ohmios?

a) Amperímetro.
b) Ohmímetro.
c) Voltímetro.
d) Luxómetro.

29. ¿En qué forma debe conectarse un amperímetro en un circuito?

a) En paralelo con la carga.
b) En serie con la carga.
c) A tierra directamente.
d) En cascada con el voltímetro.

30. ¿Qué instrumento mide la tensión eléctrica entre dos puntos?

a) Amperímetro.
b) Luxómetro.
c) Ohmímetro.
d) Voltímetro.

31. ¿Qué gas se emplea habitualmente en el interior del tubo de descarga de las lámparas fluorescentes?

a) Neón.
b) Argón.
c) Vapor de mercurio a baja presión.
d) Xenón.

32. ¿Qué eficacia lumínica aproximada presentan las lámparas fluorescentes según sus características?

a) Entre 15 y 30 lm/W.
b) Entre 25 y 50 lm/W.
c) Entre 38 y 91 lm/W.
d) Entre 100 y 150 lm/W.

33. ¿Qué dispositivo se utiliza para limitar la corriente en las lámparas fluorescentes?

a) Transformador.
b) Cebador.
c) Balasto.
d) Condensador.

34. ¿Cuál es la vida útil aproximada de las lámparas de vapor de mercurio a alta presión?

a) 8.000 horas.
b) 6.000 horas.
c) 4.000 horas.
d) 12.000 horas.

35. ¿Qué característica especial tienen las lámparas de luz de mezcla respecto a otras de descarga?

a) Necesitan siempre balasto externo.
b) Tienen arranque instantáneo.
c) No necesitan balasto porque el filamento actúa como estabilizador.
d) Requieren tensión superior a 400 V.

36. ¿Qué sustancias se añaden en las lámparas de halogenuros metálicos para mejorar la reproducción cromática?

a) Neón y argón.
b) Yoduros metálicos (sodio, talio, indio…).
c) Vapores de mercurio y xenón.
d) Sulfuros de tungsteno.

37. ¿Qué color de luz emiten las lámparas de vapor de sodio a baja presión?

a) Azul verdoso.
b) Blanco frío.
c) Amarillo.
d) Rojo.

38. ¿Qué eficacia lumínica alcanzan las lámparas de vapor de sodio a baja presión?

a) 80–100 lm/W.
b) 110–130 lm/W.
c) 160–180 lm/W.
d) 200–250 lm/W.

39. ¿Qué vida útil aproximada presentan las lámparas LED?

a) 25.000–50.000 horas.
b) 5.000–7.000 horas.
c) 1.000–3.000 horas.
d) Más de 100.000 horas.

40. ¿Qué alumbrado de seguridad debe proporcionar una iluminancia mínima de 1 lux en rutas de evacuación?

a) Alumbrado ambiente o anti-pánico.
b) Alumbrado de reemplazamiento.
c) Alumbrado de evacuación.
d) Alumbrado de zonas de alto riesgo.

41. ¿Qué color identifica al conductor de toma de tierra en una instalación eléctrica?

a) Azul.
b) Marrón.
c) Negro.
d) Amarillo con franja verde.

42. ¿Cómo se conectan siempre las bases de enchufe entre sí o con la red eléctrica?

a) En paralelo.
b) En serie.
c) En cascada.
d) En cruzamiento.

43. ¿Qué conductor debe colocarse en el borne central de una base de enchufe con toma de tierra?

a) Azul.
b) Marrón.
c) Amarillo y verde.
d) Gris.

44. ¿Qué tipos de clavijas existen según el texto?

a) Clavijas trifásicas y monofásicas.
b) Clavijas integrales y clavijas desmontables con tornillo.
c) Clavijas rectas y acodadas.
d) Clavijas macho y hembra.

45. ¿Qué tipo de interruptor permite encender o apagar lámparas desde tres o más sitios?

a) Interruptor simple.
b) Interruptor doble.
c) Conmutador.
d) Interruptor de cruce.

46. ¿Qué se debe hacer en primer lugar para sustituir un interruptor defectuoso?

a) Desatornillar la tapa.
b) Desconectar la corriente eléctrica a través del interruptor general.
c) Memorizar el cableado.
d) Aflojar los tornillos de retención.

47. ¿Qué síntoma indica agotamiento del tubo fluorescente?

a) Luz parpadeante.
b) Zumbido de los bornes.
c) Tubo que no enciende.
d) Extremos del tubo negros.

48. ¿Qué elemento de protección contiene un conductor muy fino que se funde ante sobrecarga o cortocircuito?

a) Relé.
b) Disyuntor.
c) Magnetotérmico.
d) Fusible.

49. ¿Qué cortocircuito hace que salte el Interruptor Automático Diferencial (IAD)?

a) Entre fase y neutro.
b) Cuando se produce una derivación en cualquiera de los circuitos.
c) Cuando falla la reactancia.
d) En un receptor agotado.

50. ¿Qué es un alargador eléctrico según el texto?

a) Un trozo de cable eléctrico flexible con un enchufe en un extremo y varias tomas en el otro.
b) Un adaptador trifásico.
c) Un transformador portátil.
d) Una base de enchufe múltiple empotrada.

51. ¿Cuáles son los dos objetivos esenciales del mantenimiento de herramientas de electricidad?

a) Mejorar la ergonomía y reducir el peso.
b) Ahorrar energía eléctrica y evitar calibraciones.
c) Evitar el desgaste visual y aumentar la estética.
d) Garantizar la seguridad eléctrica y mecánica del trabajador y prolongar la vida útil de las herramientas.

52. ¿Qué acción debe realizarse tras cada uso de las herramientas?

a) Guardarlas en cajas metálicas.
b) Mojarlas para evitar calor.
c) Eliminar polvo, grasa o residuos.
d) Comprobar el nivel de batería.

53. ¿Qué condición deben cumplir las superficies aislantes de las herramientas?

a) Estar lubricadas.
b) Mantenerse rugosas.
c) Permanecer limpias y secas.
d) Ser metálicas y brillantes.

54. ¿Qué parte de los alicates requiere aplicación de lubricante?

a) Las piezas móviles (articulaciones).
b) Los mangos aislantes.
c) Las mordazas.
d) El filo de corte.

55. ¿Qué aspecto debe revisarse en los destornilladores?

a) El color de su mango.
b) El tamaño del mango.
c) El buen estado de las puntas.
d) La longitud del vástago.

56. ¿Qué debe hacerse con una herramienta que presenta grietas u óxido?

a) Guardarla en una caja aparte.
b) Repararla con cinta aislante.
c) Sustituirla.
d) Pintarla con barniz protector.

57. ¿Qué se debe comprobar en las herramientas eléctricas antes de cada uso?

a) El estado de cables, enchufes y conexiones.
b) El brillo de la carcasa.
c) Su diseño ergonómico.
d) La fecha de fabricación.

58. ¿Qué se recomienda hacer con las baterías dañadas o con fugas?

a) Cargarlas inmediatamente.
b) Guardarlas en lugar seco.
c) Sustituirlas.
d) Limpiarlas con grasa dieléctrica.

59. ¿Con qué frecuencia deben calibrarse los instrumentos de medida?

a) Diariamente.
b) Cada cinco años.

c) Periódicamente, según especificaciones del fabricante.
d) Únicamente tras una avería.

60. ¿Qué riesgo puede derivarse del uso de instrumentos descalibrados?

a) Resultados incorrectos de mediciones, con consecuencias en la instalación.
b) Pérdida de color en los mangos.
c) Caídas por tropiezos con herramientas.
d) Incremento de la vida útil de cables.

61. ¿Qué riesgo supone el contacto con partes activas en tensión?

a) Solo caídas al mismo nivel.
b) Riesgo de ruido excesivo.
c) Electrocuciones y quemaduras por contactos o arco eléctrico.
d) Exposición a polvo y partículas.

62. ¿Qué medida preventiva debe aplicarse en los recintos destinados al servicio eléctrico?

a) Mantener las puertas siempre abiertas.
b) Restringir el acceso a personal autorizado e informar previamente de los riesgos.
c) Permitir el acceso a cualquier trabajador.
d) Señalizar solo en caso de accidente.

63. ¿Qué regla de oro se aplica en trabajos de electricidad con elementos en tensión?

a) Usar herramientas de aluminio.
b) Evitar el contacto visual con los cuadros.
c) Verificar la ausencia de tensión antes de intervenir.
d) Mantener los equipos en funcionamiento para ahorrar tiempo.

64. ¿Qué establece el Reglamento Electrotécnico de Baja Tensión (R.D. 842/2002) sobre tensiones de seguridad?

a) No deben sobrepasar 50 V en corriente alterna y 75 V en corriente continua.
b) Pueden alcanzar hasta 150 V en C.C.
c) No podrán superar nunca los 100 V en C.A.
d) Se admiten 75 V en C.A. y 24 V en C.C.

65. ¿Qué condición debe cumplirse en los EPI según la normativa?

a) Que sean lo más ligeros posible.
b) Que siempre sustituyan a las medidas colectivas.
c) Que proporcionen una protección eficaz sin ocasionar riesgos adicionales ni molestias innecesarias.
d) Que sean de uso voluntario.

Solución al test n.º 4

1. d) El número de circuitos instalados, características de conductores, protecciones e identificación de receptores.

2. a) C1.

3. c) C8.

4. b) En paralelo, para alimentarlas a su tensión nominal y evitar bloqueo del conjunto.

5. c) Conmutadores.

6. d) Un conmutador de cruzamiento.

7. b) Cebador y reactancia.

8. c) La instalación posee una derivación a tierra.

9. b) Cada cinco años.

10. c) IEC 60617.

11. d) Reglamento Electrotécnico para Baja Tensión (RBT).

12. a) 1.000 V.

13. c) C1.

14. c) C13.

15. c) 3 %.

16. c) 3.

17. a) C3.

18. b) Esquema TT.

19. c) Azul claro.

20. b) Volumen 0.

21. d) Cortar cables de forma adecuada sin desprender virutas.

22. b) Facilitar el acceso a componentes difíciles, doblar patillas, preparar terminales y disipar calor al soldar.

23. d) Emplearlos siempre con cables sin corriente.

24. c) Cortar papel, cartón, hilos, cables de pequeña sección y pelar conductores.

25. b) 35 W.

26. c) PVC.

27. c) Negro.

28. b) Ohmímetro.

29. b) En serie con la carga.

30. d) Voltímetro.

31. c) Vapor de mercurio a baja presión.

32. c) Entre 38 y 91 lm/W.

33. c) Balasto.

34. a) 8.000 horas.

35. c) No necesitan balasto porque el filamento actúa como estabilizador.

36. b) Yoduros metálicos (sodio, talio, indio…).

37. c) Amarillo.

38. c) 160–180 lm/W.

39. a) 25.000–50.000 horas.

40. c) Alumbrado de evacuación.

41. d) Amarillo con franja verde.

42. a) En paralelo.

43. c) Amarillo y verde.

44. b) Clavijas integrales y clavijas desmontables con tornillo.

45. d) Interruptor de cruce.

46. b) Desconectar la corriente eléctrica a través del interruptor general.

47. d) Extremos del tubo negros.

48. d) Fusible.

49. b) Cuando se produce una derivación en cualquiera de los circuitos.

50. a) Un trozo de cable eléctrico flexible con un enchufe en un extremo y varias tomas en el otro.

51. d) Garantizar la seguridad eléctrica y mecánica del trabajador y prolongar la vida útil de las herramientas.

52. c) Eliminar polvo, grasa o residuos.

53. c) Permanecer limpias y secas.

54. a) Las piezas móviles (articulaciones).

55. c) El buen estado de las puntas.

56. c) Sustituirla.

57. a) El estado de cables, enchufes y conexiones.

58. c) Sustituirlas.

59. c) Periódicamente, según especificaciones del fabricante.

60. a) Resultados incorrectos de mediciones, con consecuencias en la instalación.

61. c) Electrocuciones y quemaduras por contactos o arco eléctrico.

62. b) Restringir el acceso a personal autorizado e informar previamente de los riesgos.

63. c) Verificar la ausencia de tensión antes de intervenir.

64. a) No deben sobrepasar 50 V en corriente alterna y 75 V en corriente continua.

65. c) Que proporcionen una protección eficaz sin ocasionar riesgos adicionales ni molestias innecesarias.

TEST N.º 5

**Albañilería: útiles y herramientas y reparaciones básicas.
Prevención de riesgos laborales y medidas de seguridad**

1. ¿Cuál es el objetivo del encofrado?

a) Decorar superficies.
b) Verificar alineaciones.
c) Moldear el hormigón.
d) Diluir materiales.

2. ¿Qué misión principal tiene el peón de albañilería?

a) Realizar estructuras complejas.
b) Supervisar a los oficiales.
c) Asistir al oficial y al ayudante.
d) Calcular presupuestos.

3. ¿Qué herramienta se utiliza para hacer una regola?

a) Llana y nivel.
b) Cincel y martillo.
c) Pala y piqueta.
d) Espátula y paletín.

4. ¿Qué herramienta tradicional permite comprobar verticalidad en un muro?

a) Nivel de burbuja.
b) Escuadra.
c) Plomada.
d) Flexómetro.

5. ¿Qué efecto puede causar verter el hormigón desde gran altura en un encofrado?

a) Una mezcla homogénea.
b) Reventar el encofrado.

c) Mayor resistencia.
d) Mejor fraguado.

6. ¿Cuál es el proceso que sigue al enfoscado?

a) Guarnecido.
b) Revoque.
c) Enlucido.
d) Estucado.

7. ¿Qué herramienta se usa para transportar mortero manualmente?

a) Esparavel.
b) Cedazo.
c) Plomada.
d) Escantillón.

8. ¿Para qué sirve el tiralíneas en albañilería?

a) Medir ángulos.
b) Transportar masa.
c) Marcar líneas rectas.
d) Mezclar mortero.

9. ¿Qué herramienta es adecuada para comprobar ángulos rectos?

a) Paleta.
b) Escuadra.
c) Tiralíneas.
d) Llana.

10. ¿Cuál es la herramienta que sirve para compactar tierra en zanjas?

a) Mazo.
b) Cedazo.
c) Pisón.
d) Escoda.

11. ¿Qué se debe hacer tras usar una paleta con mortero?

a) Guardarla en aceite.
b) Limpiarla con agua a presión.
c) Ponerla al sol.
d) Dejarla en el cubo.

12. ¿Qué herramienta se usa para alisar el revoque de morteros?

a) Fratás.
b) Paletín.
c) Tiralíneas.
d) Mazo.

13. ¿Qué debe evitarse al preparar yeso para evitar que quede "muerto"?

a) Añadir cemento.
b) Batir demasiado.
c) Añadir mucha agua.
d) Usar agua caliente.

14. ¿Qué característica principal tiene el yeso blanco?

a) Alta porosidad.
b) Color gris y fraguado lento.
c) Gran finura y fraguado rápido.
d) Alta resistencia al agua.

15. ¿Qué material es un aglomerante hidráulico?

a) Arena.
b) Cemento.
c) Grava.
d) Yeso.

16. ¿Qué tipo de mortero se usa para enlucir?

a) Graso.
b) Magro.
c) Cementoso.
d) Mortero de yeso.

17. ¿Qué tipo de cubierta permite el paso y permanencia de personas?

a) Inclinada.
b) No transitable.
c) Transitable.
d) Aislada.

18. ¿Qué tipo de árido tiene un tamaño superior a 5 mm?

a) Arena.
b) Zahorra.
c) Grava.
d) Polvo.

19. ¿Cómo se denomina la capa intermedia del guarnecido?

a) Enlucido.
b) Estucado.
c) Revoque.
d) Enfoscado.

20. ¿Qué función tiene la cal hidráulica?

a) Endurecer al sol.
b) Reforzar estructuras metálicas.
c) Fraguar en aire y bajo agua.
d) Expandir morteros.

21. ¿Qué nombre recibe el sistema de revestimiento con azulejo?

a) Aplacado.
b) Chapado.
c) Enlucido.
d) Alicatado.

22. ¿Qué tipo de humedad es causada por lluvia que penetra por la fachada?

a) Capilar.
b) Meteórica.
c) Condensación.
d) Filtración.

23. ¿Qué elemento permite proteger los ángulos de las paredes?

a) Ladrillo perforado.
b) Talocha.
c) Cantonera.
d) Guarnecido.

24. ¿Qué tipo de tabique se usa frecuentemente en baños y cocinas?

a) Tabique de vidrio.
b) Tabique de cartón-yeso.
c) Tabicón.
d) Tabique doble.

25. ¿Cuál es la misión del muro de cerramiento?

a) Soportar peso.
b) Aislar térmica y acústicamente.
c) Dividir espacios interiores.
d) Reforzar cimentación.

Solución al test n.º 5

1. c) Moldear el hormigón.

2. c) Asistir al oficial y al ayudante.

3. b) Cincel y martillo.

4. c) Plomada.

5. b) Reventar el encofrado.

6. b) Revoque.

7. a) Esparavel.

8. c) Marcar líneas rectas.

9. b) Escuadra.

10. c) Pisón.

11. b) Limpiarla con agua a presión.

12. a) Fratás.

13. c) Añadir mucha aqua.

14. c) Gran finura y fraguado rápido.

15. b) Cemento.

16. d) Mortero de yeso.

17. c) Transitable.

18. c) Grava.

19. c) Revoque.

20. c) Fraguar en aire y bajo agua.

21. d) Alicatado.

22. b) Meteórica.

23. c) Cantonera.

24. c) Tabicón.

25. b) Aislar térmica y acústicamente.

TEST N.º 6

Fontanería: conceptos generales. Breve referencia a la instalación de aguas en edificios. Herramientas y útiles. Su mantenimiento. Averías y reparaciones básicas. Prevención de riesgos laborales y medidas de seguridad

1. La soldadura de tubos de cobre que se realiza con aglutinantes y funden a más de 700º C se denomina:

a) Soldadura blanda.
b) Soldadura por capilaridad.
c) Soldadura fuerte.
d) Soldadura en frío.

2. ¿Qué tipo de herramienta utilizaremos para el corte de tubos de PVC?

a) Cortatubos.
b) Racores de compresión de arandelas de plástico.
c) Tijeras de corte.
d) Cualquier tipo de sierra.

3. Para desatascar los bajantes, lo mejor es desmontarlos de su conexión con canalones y arquetas y proceder a su desembozado mediante el sistema de:

a) Uso de ventosas.
b) Varillado.
c) Uso de desatascadores químicos.
d) Uso de paleta apropiada.

4. Una de las medidas provisionales de urgencia que podemos tomar en la reparación de escapes y reventones de tuberías es:

a) Cortar la sección donde esté la fisura e insertar una nueva sección del mismo grosor y material, enroscada mediante dos racores.
b) Si el escape se produce en un racor que soporta una elevada presión, desmontarlo y envolver la rosca en cinta de teflón.

c) Cubrir la zona de fuga, agujero o grieta, con una tira de goma plástica sujeta mediante abrazaderas de tornillos bien apretadas.

d) Cortar la tubería a ambos lados de la fuga a una distancia de 2 cm. de longitud para intercalar un racor a presión, comprimiéndolo entre las dos bocas de tubería y ajustándolo mediante el giro opuesto de dos llaves.

5. Los malos olores procedentes de los desagües se deben de detener mediante los sifones. ¿Qué forma debería tener un sifón para mantener un nivel permanente de agua que choque contra los malos olores?

a) P.

b) Z.

c) S.

d) La respuesta a) y c) son correctas.

6. La parte de la cisterna que impide que siga entrando agua cuando la cisterna o depósito están llenos es:

a) Válvula de charnela.

b) Válvula del flotador.

c) Sifón.

d) Palanca de descarga.

7. El mantenimiento de los aparatos de calor se reduce al control de los dispositivos que los regulan. De ellos, el dispositivo que permite seleccionar las zonas donde queremos distribuir el calor, dejando cerradas las zonas no habitadas de un edificio, es:

a) El termostato.

b) El interruptor de encendido-apagado.

c) El sistema de válvulas del circuito de calefacción.

d) El radiador.

8. La principal función del subalterno o peón, en relación al aislamiento de estancias y su correcta climatización, es:

a) Vigilar el buen estado y encaje de ventanas y puertas.

b) Cerrar continuamente las puertas y ventanas que se encuentren abiertas.

c) Colocar ventiladores empotrados en la pared.

d) Instalar deshumidificadores.

9. Para el aislamiento de puertas y ventanas el peón podrá utilizar las tiras de espuma. Indica cuál de las siguientes no es una afirmación correcta sobre su colocación y mantenimiento:

a) Para un mayor rendimiento colocarlas sin estirar.

b) Se pegan mediante una cinta autoadhesiva que contiene la tira.

c) Durante su mantenimiento se deben de pintar.

d) Evitaremos exponerlas al sol para que no pierdan su elasticidad.

10. ¿Qué nombre reciben las piezas de metal u otro material que sirven para asegurar algunas cosas ciñéndolas?

a) Junta plana.

b) Abrazaderas.

c) Junta tórica.

d) Latiguillos.

11. Las juntas que están diseñadas para contener el paso del humo y gases de un compartimento a otro dentro de un mismo edificio se denominan:

a) Estancas.

b) Intumescentes.

c) Planas.

d) Tóricas.

12. La llave de paso que en posición abierta deja el paso del agua de forma total y en posición de cerrado, cierra el paso herméticamente, se denomina:

a) De compuerta.

b) De escuadra.

c) Normal.

d) De empotrar cuello largo.

13. Los grifos que tienen una boquilla fija o móvil, por la cual puede pasar el agua caliente o fría, o también mezcladas si lo precisamos, se denominan:

a) Sencillos.

b) Dosificador termostático.

c) Mezcladores.

d) De dos palancas.

14. En las pilas de dos senos, ¿cuántos sifones colocaremos?

a) No es necesario un sifón.

b) Uno para cada seno.

c) Uno para ambos senos.

d) Ninguna de las anteriores es correcta.

15. De las siguientes características, indica cuál no es propia de las tuberías de cobre:

a) Es un metal de color rojo salmón.

b) Es un buen conductor de la electricidad.

c) Con la humedad se recubre de una capa de óxido llamada "cardenillo".
d) Es un mal conductor del calor.

16. En la acometida o entrada general de agua en las viviendas, las tuberías suelen tener el siguiente diámetro de tubo:

a) 18 mm.
b) 22 mm.
c) 15 mm.
d) 20 mm.

17. Entre las siguientes afirmaciones sobre las tuberías de hierro, existe una que no es correcta:

a) El hierro negro está permitido para su uso en conducciones de agua potable.
b) Actualmente están prohibidas.
c) Son más difíciles de manipular.
d) Existen dos grupos de tuberías de hierro: negro y galvanizado.

18. ¿Cuál no es una ventaja de las tuberías de PVC?

a) No les afectan las heladas.
b) Son muy ligeras.
c) Son económicas.
d) Se oxidan.

19. ¿Cuál es el sistema que debemos usar para la unión de tuberías de PVC?

a) Pegado.
b) Soldado.
c) Roscado.
d) Ninguna de las anteriores es correcta.

20. Las pasta hecha de tiza y aceite de linaza, usada para sujetar cristales es:

a) Masilla.
b) Silicona.
c) Pasta de papel.
d) Goma-espuma.

21. ¿Cuál es una característica de la goma-espuma?

a) Tiene baja adhesión.
b) Los restos de goma-espuma no se pueden eliminar.

c) No se puede pintar cuando está seca.
d) Crece 2 o 3 veces de volumen en una hora.

22. La herramienta que se utiliza para ensanchar o ampliar la boca de los tubos se conoce con el nombre de:

a) Abocinador.
b) Abocardador.
c) Mandril.
d) Curvadora.

23. ¿Qué otro nombre recibe el soplete que suele utilizar el fontanero para soldar cobre, plomo, etc.?

a) Sopletín.
b) Pistola de soldar.
c) Lámpara de soldar.
d) Todas las respuestas son correctas.

24. Señala el nombre que reciben las herramientas que se utilizan para realizar roscas a mano para pernos, tornillos y otras piezas cilíndricas:

a) Terrazas.
b) Terrajas.
c) Tinajas.
d) Tenazas.

25. La llave que proporciona potencia de agarre sin arañar ni deformar los tubos de plástico o metal pulido, que se utiliza en tubos de plástico, filtros o cualquier superficie resbaladiza o lisa, se denomina:

a) Llave dullan.
b) Tenazas para tubos.
c) Pico de loro.
d) Llave de cinta.

26. La llave que se caracteriza por tener un pivote en uno de sus extremos que se introduce en el chavetero o ranura de algunas tuercas especiales para aflojar o apretar estas se llama:

a) Stillson.
b) De medio punto.
c) Grip de cadena.
d) Grip de correa.

27. ¿Cómo se llama el tornillo para sujetar tubos en el que se realiza el apriete por medio de una manivela situada en la parte superior del tornillo?

a) Mordaza.
b) Cadena.
c) Cortatubos.
d) Ninguna de las anteriores es correcta.

28. ¿Cuál de las siguientes medidas de seguridad no es adecuada en el uso de la lámpara de soldar?

a) Mantenerla encendida, aun cuando no la necesitemos, para ahorrar tiempo.
b) Mantener la botella alejada de cualquier foco de calor.
c) No dejar mecheros de gas encima de la mesa de soldar o zona de trabajo.
d) Usar guantes aislantes del color en la manipulación de las tuberías recién soldadas.

29. Con la herramienta de realizar curvaturas en los tubos de cobre, podemos realizar ángulos de:

a) 25°.
b) 45°.
c) 135°.
d) Las respuestas b) y c) son correctas.

30. La herramienta diseñada para dar diferentes formas a las bocas de los tubos de metal es:

a) Abocinador.
b) Abocardador.
c) Cortatubo telescópico.
d) Curvadora.

31. ¿Qué tipo de soldadura se realiza para unir piezas con masillas sintéticas, que aseguran la estanqueidad de la canalización?

a) La soldadura fuerte.
b) La soldadura en frío.
c) La soldadura por capilaridad.
d) La soldadura blanda.

32. ¿Qué tipo de soldadura se realiza con aglutinantes que funden a más de 700 ºC y es utilizada para conducciones que tienen que soportar elevadas temperaturas (calefacción, agua caliente, etc.)?

a) La soldadura fuerte.
b) La soldadura por capilaridad.

c) La soldadura blanda.
d) La soldadura en frío.

33. ¿A qué puede deberse que un grifo gotee?

a) A que el empaque del casquillo se ha gastado.
b) A que la zapata o arandela de goma se ha gastado y deja pasar el agua.
c) A que las roscas del grifo se han aflojado y dejan pasar el agua.
d) Todas las respuestas son correctas.

34. ¿Qué es lo primero que debemos llevar a cabo cuando vayamos a reparar un grifo que gotee?

a) Sacar el cuerpo principal del grifo.
b) Aflojar la tuerca y la cabeza del grifo.
c) Proceder a desprender la zapata usada con un cuchillo o destornillador.
d) Cerrar la llave de paso y abrir el grifo hasta el máximo.

35. ¿Qué nombre recibe el instrumento semejante a una pinza con forma de cono en su extremo, que se utiliza para agrandar los extremos o bocas de los tubos de cobre, plomo y plástico previamente calentados?

a) Abocinador.
b) Cortatubos telescópicos.
c) Mandril.
d) Abocardador.

36. ¿Cómo se denomina la pieza de metal u otra materia que sirve para asegurar algunas cosas ciñéndolas?

a) Latiguillo.
b) Teflón.
c) Abrazadera.
d) Junta.

37. ¿Qué nombre recibe la junta que impide el paso del agua, se coloca en la unión de dos tubos u otras partes de un aparato o máquina, para impedir el escape del cuerpo fluido que contienen?

a) Junta tórica.
b) Junta estanca.
c) Junta intumescente.
d) Junta plana.

38. ¿Cómo se denomina en fontanería la arandela o junta de goma de sección circular?

a) Junta tórica.
b) Junta estanca.
c) Junta intumescente.
d) Junta plana.

39. ¿Cómo es la llave que se coloca en la entrada de agua a los sanitarios?

a) De escuadra.
b) De compuerta.
c) Normal.
d) De empotrar con roseta.

40. ¿Qué nombre recibe la pieza metálica con dos roscas internas en sentido inverso, que sirve para unir tubos y otros perfiles cilíndricos?

a) Válvula de retención.
b) Sifón.
c) Válvula de mariposa.
d) Racor.

41. Señala la respuesta incorrecta respecto a las tuberías de cobre:

a) No es atacado por gases, no se altera con aire seco, con la humedad se recubre de una capa de óxido que lo protege de posteriores ataques, formando este una pátina verdosa que se denomina "cardenillo".
b) El cobre es un metal de color característico (rojo salmón), muy dúctil, maleable y buen conductor de la electricidad y el calor.
c) La mayoría de las instalaciones se realicen con cobre ya que es un material ligero, fácil de manipular y que suelda con facilidad.
d) Sirve únicamente para tuberías de agua fría ya que para las de agua caliente no son recomendables.

42. ¿Cuál es el único inconveniente que se puede plantear en las tuberías de cobre?

a) Dificultad de manipulación y soldado.
b) Escasa resistencia a los golpes.
c) La dilatación.
d) A menudo presentan fugas.

43. ¿Cuáles es actualmente el tipo de tuberías más utilizadas en las instalaciones?

a) Las de hierro.
b) Las de PVC.

c) Las de plomo.
d) Las de cobre.

44. ¿Cómo se denomina el aparato basado en un sistema de válvula de regulación, para limitar el caudal en caso necesario, que se intercala directamente en la red de suministro del agua, sin necesidad de contar con depósito alguno?

a) Inodoro.
b) Cisterna.
c) Fluxor.
d) Válvula de carga.

45. ¿Cuándo alcanza su dureza máxima la silicona?

a) A las 8 horas.
b) A las 24 horas.
c) En una semana.
d) A los pocos minutos.

46. ¿Cómo se denomina el instrumento utilizado, principalmente, en tuberías de hierro y galvanizados que tiene como función limpiar el interior del tubo de las rebabas que quedan al ser cortado con paicker u otra herramienta?

a) Abocinador.
b) Cortatubos telescópicos.
c) Mandril.
d) Abocardador.

47. En las viviendas, las tuberías a cada aparato, suelen tener un diámetro de tubo de:

a) 22 mm.
b) 18 mm.
c) 15 mm.
d) 12 mm.

48. ¿Qué nombre recibe la herramienta utilizada para dar diversas formas a las bocas de los tubos de metal, en especial a las tuberías de cobre y está compuesto por una parte que se inserta en la boca del tubo, una mordaza que aprieta el útil para que no se mueva y, en la parte superior, una cabeza que, apretándola, dará la forma a la boca?

a) Abocinador.
b) Abocardador.
c) Cortatubos telescópicos.
d) Mandril.

49. ¿Cómo se denominan las que se utilizan para realizar roscas a mano para pernos, tornillos y otras piezas cilíndricas?

a) Portaterrajas.
b) Chavetero.
c) Grip.
d) Terrajas.

50. ¿Cuál de las siguientes llaves es conocida, vulgarmente, como llave "grifa"?

a) Llave Stillson.
b) Llave de medio punto.
c) Llave grip de correa.
d) Grip de cadena.

51. ¿Cómo se denomina la herramienta que es una combinación de alicate y llave graduable, permite una posición fija con las tuercas y se usa para aflojar tubos?

a) Llave de cinta.
b) Llave dullan.
c) Pico de loro.
d) Llave grip.

52. ¿Cuál de las siguientes llaves proporciona potencia de agarre sin arañar ni deformar los tubos de plástico o metal pulido y se utiliza en tubos de plástico, filtros o cualquier superficie resbaladiza o lisa?

a) Llave de cinta.
b) Llave dullan.
c) Pico de loro.
d) Llave grip.

53. ¿Qué tipo de soldadura se realiza sobre tubos completamente secos y consiste en introducir el fundente en frío en las dos juntas que se quieren unir, extendiéndolo y ajustándolo. Una vez realizada la unión de las dos piezas, se procede a su calentamiento con soplete. Al elevarse la temperatura el aglutinante se funde y se extiende como un anillo alrededor de toda la junta?

a) Soldadura fuerte.
b) Soldadura blanda.
c) Soldadura por capilaridad.
d) Soldadura en frío.

54. ¿Qué utilizaremos para las uniones de canalizaciones de PVC?

a) Racores a presión.
b) Un disolvente de gran adherencia.

c) Una soldadura en frío.
d) Una soldadura blanda.

55. ¿Dónde habrá que buscar la avería cuando todos los radiadores se quedan fríos aunque la caldera funcione normalmente?

a) En la válvula del purgador.
b) En la llave de paso del agua.
c) En la bomba que mueve el agua por las conducciones.
d) En el termostato.

56. ¿Cómo se denomina al elemento de la red de desagüe de los cuartos de baños en el que se centralizan las aguas sucias procedentes del lavabo, bañera, bidé, etc., para su posterior evacuación a través de la bajante general?

a) Sifón residual.
b) Desagüe.
c) Bote sifónico.
d) Válvula de aguas negras.

57. ¿Qué nombre recibe la pieza metálica que abraza a otra y, por medio de tornillos u otro método, que hace que esta pieza se fije?

a) Brida.
b) Junta tórica.
c) Arandela.
d) Junta de goma.

58. Señala uno de los grupos de grifos más utilizados actualmente:

a) Los grifos mezcladores.
b) Los grifos dosificadores termostáticos.
c) Los grifos sencillos.
d) Todas las respuestas son correctas.

59. ¿Qué nombre recibe el anillo formado por el corte transversal de un cilindro hueco de poco espesor, cuya misión es la de evitar roces y dar estanqueidad a las uniones de las piezas en las que se incorporan?

a) Junta intumescente.
b) Junta plana.
c) Junta tórica.
d) Junta estanca.

60. ¿Qué tipo de junta está diseñada para contener el paso del humo y gases de un compartimento a otro dentro de un mismo edificio:

a) La junta intumescente.
b) La junta plana.
c) La junta tórica.
d) La junta estanca.

61. ¿Cómo se conocen a los útiles de fontanería empleados para conectar las tomas de líquidos que llevan en sus extremos unas piezas roscadas para su acople y presentan en su exterior una malla metálica de protección?

a) Latiguillos flexibles.
b) Flexores de PVC.
c) Conectores.
d) Juntas.

62. Señala la respuesta incorrecta respecto a las llaves de paso:

a) Generalmente, se usan con poca frecuencia, dando como resultado que estas se estropeen simplemente por no haberlas usado nunca, puesto que una inmovilidad durante largo tiempo llega a agarrotar las piezas del mecanismo.
b) Estarán situadas en la unión de la acometida con el tubo de alimentación, junto al umbral de la puerta, en el interior del inmueble.
c) Cumplen la misión de cortar y, en algunos casos, la de regular el caudal de paso del agua en algunas instalaciones.
d) La llave de paso del abonado será de un diámetro ligeramente mayor que el tubo ascendente o montante correspondiente.

63. ¿En qué tipo de soldadura se emplea un material aglutinante que precisa poca temperatura para fundirse (menos de 500 ºC), como el estaño o el plomo, y para unir las piezas con este sistema se calienta la unión y, una vez que se ha recalentado, se extiende en la junta el estaño o plomo y con el soplete se va fundiendo el material alrededor de la junta o unión:

a) La soldadura fuerte.
b) La soldadura por capilaridad.
c) La soldadura blanda.
d) La soldadura en frío.

64. Señala un motivo por el que puede haber malos olores en las tuberías:

a) El mal sellado de arquetas y registros.
b) El propio sifón, donde se descomponen restos alimenticios y grasientos en descomposición.

c) Las bases de asentamiento de los aparatos sanitarios, por las que pueden ascender olores desde la parte extensa de las tuberías.

d) Todas las respuestas son correctas.

65. El fluxor que se encuentra adosado a la pared, se sitúa a una altura de:

a) Entre los 90 y los 110 cm sobre el nivel del suelo.
b) Entre los 100 y los 130 cm sobre el nivel del suelo.
c) Entre los 120 y los 140 cm sobre el nivel del suelo.
d) Entre los 130 y los 160 cm sobre el nivel del suelo.

66. ¿Cuál de los siguientes productos selladores incorpora material fungicida contra bacterias y hongos?

a) La silicona.
b) La masilla.
c) La espuma de poliuretano.
d) Todas las respuestas son correctas.

67. ¿Qué herramienta para ensanchar tubos consiste en introducir la boca de la herramienta en el interior del tubo para ensanchar y, a continuación, apretar el mango?

a) El mandril.
b) El cortatubos telescópico.
c) El abocardador.
d) El abocinador.

68. Señala la respuesta incorrecta respecto al cortatubos telescópico:

a) Consta de dos ruedas, que giran alrededor del tubo a cortar, y de otra rueda *(cuchilla)* que es la que efectúa el corte, rueda muy afilada y que, una vez adaptada al diámetro del tubo, permite cortarlo sin esfuerzo y sin temor a hundirlo por la presión ejercida.
b) Se usan para cortar tubos de hierro, cobre, acero inoxidable, PVC, etc.
c) El corte de tubos con esta herramienta no produce ningún tipo de viruta y el corte queda limpio y biselado.
d) Con estos instrumentos se pueden cortar tubos de hasta 15 milímetros de diámetro.

69. Mediante las curvadoras podremos realizar ángulos de:

a) 180º
b) 90º
c) 45º
d) Todas las respuestas son correctas.

70. ¿Cómo se denomina la herramienta que pertenece a la misma familia que los alicates por ser palancas de primer grado, y puede servir tanto para sujetar como para aflojar tuercas redondeadas o difíciles?

a) Llave grip de correa.
b) Llave grip.
c) Grip de cadena.
d) Llave stillson.

71. ¿Qué tipo de llaves se caracterizan por tener un pivote en uno de sus extremos que se introduce en el chavetero o ranura de algunas tuercas especiales para apretar y aflojar estas?

a) Las llaves stillson.
b) Las llaves grip de correa.
c) Las llaves de medio punto y pivotes.
d) Las llaves grip de cadena.

72. ¿Cómo se denomina el canal ligeramente inclinado, situado en la vertiente de un tejado que tiene como función recoger el agua de la lluvia para evacuarla?

a) Canaleta.
b) Canalón.
c) Bajante.
d) Riel.

73. ¿Cómo se denominan las juntas que dejan el paso del agua?

a) Juntas intumescentes.
b) Juntas tóricas.
c) Juntas no estancas.
d) Juntas planas.

74. ¿Cómo se llama la llave que en posición abierta deja el paso de agua de forma total y en posición de cerrado cierra el paso herméticamente:

a) De compuerta.
b) Normal.
c) De escuadra.
d) Sencilla.

75. ¿Cómo se llama la llave que se encuentra a la entrada del contador, no se coloca empotrada y con ella podremos regular el paso del caudal de agua?

a) De compuerta.
b) Normal.
c) De escuadra.
d) Sencilla.

76. Señala la respuesta incorrecta respecto a los cartuchos cerámicos:

a) Necesitan un mantenimiento básico una vez al año.
b) Son equipos de regularización y mezcla.
c) Hacen cambiar la cantidad de agua y la temperatura en función de la postura de su manilla.
d) Este tipo de cartuchos no están normalizados y, por tanto, no son intercambiables.

77. ¿Qué fibra textil natural se utiliza en fontanería y en trabajos de escayola para dar consistencia?

a) El yute.
b) El teflón.
c) El bonote.
d) El cáñamo.

78. ¿Qué nombre reciben las tuberías-filtro que se colocan en los conductos de evacuación de aguas residuales, y cumplen dos misiones, filtrar y evitar malos olores?

a) Válvulas de mariposa.
b) Válvulas de retención.
c) Sifones.
d) Racores.

79. Para hacer una buena instalación con una tubería de cobre hay que tener en cuenta que:

a) Se tomarán las medidas correctas, teniendo en cuenta las dilataciones.
b) Realizaremos uniones en perfecta estanqueidad.
c) Los dimensionados de las tuberías irán acordes a los caudales máximos de consumo previsto.
d) Todas las respuestas son correctas.

80. En las viviendas, la tubería de entrada general de agua a la vivienda, suele tener un diámetro de tubo de:

a) 22 mm.
b) 18 mm.
c) 15 mm.
d) 12 mm.

81. En las viviendas, las tuberías de distribución por los ramales, suelen tener un diámetro de tubo de:

a) 22 mm.
b) 18 mm.
c) 15 mm.
d) 12 mm.

82. El principal cometido del peón laboral debe ser la limpieza de los sifones:

a) Como mínimo una vez al mes.
b) Trimestralmente.
c) Al menos cada 6 meses.
d) Una vez al año, antes de la época de lluvias.

83. Señala la respuesta incorrecta respecto a los sifones:

a) Los sifones se deterioran, sobre todo los antiguos, produciendo goteos continuados. Cuando esto pasa lo mejor es sustituir el dañado por uno más moderno y de material más resistente.
b) En las pilas de dos senos será necesario colocar dos sifones, para esto los deberemos colocar antes de la tubería de evacuación general, lo que impedirá los malos olores en ambos senos.
c) El filtro del sifón permite recuperar la mayor parte de las impurezas y desechos sólidos.
d) Los sifones de material plástico pueden ser estropeados por la acción de materiales químicos y disolventes y, también, pueden reventar o agrietarse cuando el agua en su interior se congela.

84. ¿Cómo se denomina la válvula formada por un disco que gira alrededor de uno de sus diámetros y que permite el paso del líquido según la posición más o menos abierta del disco?

a) Válvula de mariposa.
b) Válvula de disco.
c) Válvula voladora.
d) Válvula de retención.

85. Señala la respuesta incorrecta respecto a las tuberías de hierro:

a) Los tubos de acero y hierro que se usan para conducciones de fluidos los podemos dividir en dos grupos, hierro negro y hierro galvanizado.
b) Las tuberías de hierro son difíciles de manipular. Para cortar el hierro lo deberemos sujetar firmemente, si es posible en un tornillo, etc., y usaremos el paicker.
c) El hierro negro está permitido para su uso en conducciones de agua potable.
d) El hierro galvanizado es el mismo que el negro pero sometido a un proceso de galvanizado siendo, hasta hace unos años, el habitual en las conducciones de aguas.

Solución al test n.º 6

1. c) Soldadura fuerte.

2. d) Cualquier tipo de sierra.

3. b) Varillado.

4. c) Cubrir la zona de fuga, agujero o grieta, con una tira de goma plástica sujeta mediante abrazaderas de tornillos bien apretadas.

5. d) Las respuestas a) y c) son correctas

6. b) Válvula del flotador.

7. c) El sistema de válvulas del circuito de calefacción.

8. a) Vigilar el buen estado y encaje de ventanas y puertas.

9. c) Durante su mantenimiento se deben de pintar.

10. b) Abrazaderas.

11. b) Intumescentes.

12. a) De compuerta.

13. c) Mezcladores.

14. c) Uno para ambos senos.

15. d) Es un mal conductor del calor.

16. b) 22 mm.

17. a) El hierro negro está permitido para su uso en conducciones de agua potable.

18. d) Se oxidan.

19. c) Roscado.

20. a) Masilla.

21. d) Crece 2 o 3 veces de volumen en una hora.

22. b) Abocardador.

23. c) Lámpara de soldar.

24. b) Terrajas.

25. d) Llave de cinta

26. b) De medio punto.

27. a) Mordaza.

28. a) Mantenerla encendida, aun cuando no la necesitemos, para ahorrar tiempo.

29. d) Las respuestas b) y c) son correctas.

30. a) Abocinador.

31. b) La soldadura en frío.

32. a) La soldadura fuerte.

33. d) Todas las respuestas son correctas.

34. d) Cerrar la llave de paso y abrir el grifo hasta el máximo.

35. d) Abocardador.

36. c) Abrazadera.

37. b) Junta estanca.

38. a) Junta tórica.

39. a) De escuadra.

40. d) Racor.

41. d) Sirve únicamente para tuberías de agua fría ya que para las de agua caliente no son recomendables.

42. c) La dilatación.

43. b) Las de PVC.

44. c) Fluxor.

45. c) En una semana.

46. c) Mandril.

47. c) 15 mm.

48. a) Abocinador.

49. d) Terrajas.

50. a) Llave Stillson.

51. b) Llave dullan.

52. a) Llave de cinta.

53. c) Soldadura por capilaridad.

54. b) Un disolvente de gran adherencia.

55. c) En la bomba que mueve el agua por las conducciones.

56. c) Bote sifónico.

57. a) Brida.

58. d) Todas las respuestas son correctas.

59. b) Junta plana.

60. a) La junta intumescente.

61. a) Latiguillos flexibles.

62. d) La llave de paso del abonado será de un diámetro ligeramente mayor que el tubo ascendente o montante correspondiente.

63. c) La soldadura blanda.

64. d) Todas las respuestas son correctas.

65. c) Entre los 120 y los 140 cm sobre el nivel del suelo.

66. a) La silicona.

67. c) El abocardador.

68. d) Con estos instrumentos se pueden cortar tubos de hasta 15 milímetros de diámetro.

69. d) Todas las respuestas son correctas.

70. b) Llave grip.

71. c) Las llaves de medio punto y pivotes.

72. b) Canalón.

73. c) Juntas no estancas.

74. a) De compuerta.

75. b) Normal.

76. a) Necesitan un mantenimiento básico una vez al año.

77. d) El cáñamo.

78. c) Sifones.

79. d) Todas las respuestas son correctas.

80. a) 22 mm.

81. b) 18 mm.

82. c) Al menos cada 6 meses.

83. b) En las pilas de dos senos será necesario colocar dos sifones, para esto los deberemos colocar antes de la tubería de evacuación general, lo que impedirá los malos olores en ambos senos.

84. a) Válvula de mariposa.

85. c) El hierro negro está permitido para su uso en conducciones de agua potable.

TEST N.º 7

Pintura: herramientas para aplicar y quitar pinturas. Prevención de riesgos laborales y medidas de seguridad

1. Señala cuál de las siguientes tareas no es propia para ser desarrollada por el peón:

a) Emplastecer pequeñas superficies.
b) Pintar fachadas.
c) Preparar mezclas de pintura.
d) Mantener la distancia de seguridad entre el público y el lugar donde se desarrolle el trabajo.

2. Si queremos pintar ángulos o rincones de una gran superficie, utilizaremos:

a) Almohadilla.
b) Pistola.
c) Rodillo.
d) Brocha.

3. ¿Cómo se llama la técnica de pintura que se obtiene mezclando polvo de tiza y pintura acrílica para dar a la pared un efecto agrietado?

a) Estucado.
b) Craquelado.
c) Trapeado.
d) Lacado.

4. Técnica en la que se aplica primero una capa de pintura, antes de que seque se pasa un trapo, después se hacen líneas con un pincel fino para hacer efecto de vetas y por último, se difuminan las líneas con una brocha. Nos referimos al:

a) Lacado.
b) Patinas.
c) Bruñido.
d) Marmolado.

5. A la hora de preparar el soporte donde se va a pintar, eliminar los restos de capa de un antiguo recubrimiento que se halla en mal estado por medio de calor o acciones químicas se denomina:

a) Decapado.
b) Rascado.
c) Lavado.
d) Desengrasado.

6. Debemos tener en cuenta algunas pautas para pintar. De manera general, no se pintará:

a) De abajo hacia arriba.
b) Primero el techo.
c) Si está lloviendo.
d) Empezando por la pared de la ventana.

7. Las pinturas al aceite, esmalte oleosintéticos y sintéticos secan por:

a) Secado físico.
b) Secado químico.
c) Secado por oxidación.
d) Secado artificial.

8. Para resolver el problema de las señales de brochazos sobre la pintura es preciso:

a) Lijar la superficie y darle una capa muy fina.
b) Dar varias capas para lograr igualar la superficie.
c) Extender una capa gruesa de pintura.
d) Repasar la pintura cuando aún no está totalmente seca.

9. ¿A qué se debe que, conforme se realiza el trabajo de pintura, pueden aparecer películas elásticas que se mezclan con ella?

a) El paramento no está bien alisado.
b) El paramento posee humedades o filtraciones.
c) Se carga en exceso el pincel o el rodillo.
d) La pintura ha estado expuesta al aire.

10. Cuando la pintura no se extiende de forma uniforme puede deberse a varias razones. Señala la que no corresponda:

a) Uso excesivo de diluyente.
b) Falta de homogeneización de la pintura.

c) Poca calidad de la pintura empleada.
d) Presencia de agua en los útiles de trabajo.

11. Para pintar techos de pequeño tamaño se utilizará preferentemente:

a) Pistola.
b) Brocha redonda y gruesa.
c) Rodillo.
d) Almohadilla.

12. ¿Qué tipo de restos de pintura eliminaremos con cepillo de púas y rasqueta?

a) Temple.
b) Gotelé.
c) Plástica.
d) Cal.

13. Para pintar fachadas exteriores procederemos:

a) De abajo a arriba.
b) Desde la zona más cercana a la puerta.
c) Por arriba y en sentido horizontal.
d) Formando ángulos rectos para solapar cada pasada.

14. ¿Cómo se debe limpiar una superficie plástica que se prepara para la imprimación?

a) Con agua y jabón.
b) Con disolvente.
c) Con lejía.
d) Con dispersante.

15. Para la limpieza de pinturas al silicato y al cemento, se utilizará:

a) Bayetas secas o un plumero.
b) Un cepillo suave con agua abundante.
c) Bayeta húmeda con agua jabonosa.
d) Detergente no agresivo.

16. Aparato óptico que, montado sobre un trípode, describe un plano horizontal y puede realizar lecturas a miras metálicas graduadas y así obtener los distintos desniveles de los puntos:

a) Nivel de láser.
b) Nivel de burbuja.
c) Nivel de agua.
d) Nivel de línea.

17. El tiralíneas es una herramienta que se utiliza para:

a) Medición y replanteo de obra.
b) Preparar.
c) Aplicación.
d) Limpieza.

18. La pieza que une el mango de la brocha con las cerdas se denomina:

a) Vitola.
b) Visera.
c) Virola.
d) Vinola.

19. Para pintar grandes superficies con pintura pura se utiliza:

a) Mango telescópico.
b) Pistola sin aire.
c) Pistola de aire comprimido.
d) Brocha.

20. De las siguientes características, señala aquella que no es propia de la pintura al temple:

a) Resistente al agua.
b) Baja el tono al secarse.
c) Suelta polvo si tiene poca cola.
d) Se desconcha si tiene exceso de cola.

21. Es una pintura barata que se puede utilizar en exteriores; con ella se pueden pintar las zonas menos nobles, como son: garajes, talleres, sótanos, etc.:

a) Pintura al cemento.
b) Pintura a la cal.
c) Pintura a la cola.
d) Pintura al silicato.

22. Se trata de un tipo de pintura que, bajo la influencia del calor de una llama, reacciona cambiando su estructura física y química, para hincharse a continuación formando una capa esponjosa que al carbonizarse se convierte en una cámara alveolar aislante del calor:

a) Pintura ignífuga.
b) Pintura de PVC.
c) Pintura Intumescente.
d) Pintura aislante.

23. En un esmalte brillante cuanto más disolvente apliquemos más:

a) Resistente será.
b) Brillante será.
c) Reducirá el brillo.
d) Difícil será extenderlo.

24. Cuando los operarios se encuentren en el interior de la cabina de pintado, estén aplicando o no, y la ventilación no sea suficiente para controlar continuamente la concentración de partículas y el vapor del disolvente, deberán llevar:

a) Un distintivo visible.
b) Un equipo respiratorio con suministro de aire.
c) Un equipo eléctrico protegido según las normas adecuadas.
d) Un antídoto y otros productos antitóxicos.

25. ¿Qué tipo de barniz se utiliza para la protección temporal de carpintería de aluminio y otros objetos metálicos de hierro galvanizado, cromados, niquelados, etc.?

a) Barniz galvanizado.
b) Barniz pelable.
c) Barniz maleable.
d) Barniz Nitrocelulósico.

26. El mejor diluyente y disolvente de las de pinturas plásticas y esmaltes acrílicos es:

a) Aguarrás.
b) White spirit.
c) Amoniaco.
d) Agua.

27. ¿Cuál es el uso habitual del decapante en gel?

a) En superficies verticales.
b) En lugares de difícil acceso.
c) Para tabiques desmontables.
d) Sobre superficies plásticas.

28. Cuando se vuelva a utilizar pintura que haya quedado de un año para otro es conveniente:

a) Ligarla con agua.
b) Agitarla enérgicamente.
c) Filtrarla.
d) Desecharla.

29. Las rasquetas, raspadores, espátulas y raederas, que poseen hojas de acero, se recuperan con facilidad:

a) Sumergiéndolas en agua al menos 12 horas.
b) Pasando otra hoja de metal sobre ellas.
c) Añadiéndoles disolventes si fuera preciso.
d) Eliminando el polvo que haya podido quedar incrustado.

30. La pintura al silicato puede aplicarse con (señala la respuesta incorrecta):

a) Brocha.
b) Rodillo.
c) Pistola.
d) Almohadilla.

31. Señala cuál de las siguientes no es una tarea propia a desarrollar por el peón:

a) Realizar la mezcla de pinturas.
b) Emplastecer pequeñas superficies.
c) Limpiar los suelos de gotas.
d) Pintar las superficies

32. ¿Qué tipo de herramienta es ideal para cubrir grandes superficies de paredes y techos?

a) Almohadilla.
b) Pistola.
c) Rodillo.
d) Brocha.

33. Al pintar una superficie extensa, ¿cómo realizará el trabajo?

a) Primero zócalos, paredes y, finalmente, techos.
b) De arriba hacia abajo y de derecha a izquierda (diestros).
c) Primero paredes, luego techos.
d) Siempre de izquierda a derecha para evitar que la pintura gotee sobre una zona ya pintada.

34. ¿Con qué técnica se trata de esparcir pintura al temple más espesa de lo habitual, de tal manera que durante su aplicación aparezcan gotas o grumos de material que produzcan una superficie final de acabado grumoso?

a) Estucado.
b) Craquelado.
c) Trapeado.
d) Gotelé.

35. ¿Qué tipo de técnica se utilizará para decorar muebles consiguiendo un aspecto envejecido de éstos?

a) Trapeado.
b) Esponjado.
c) Brocha seca.
d) Craquelado.

36. ¿Para qué técnica de pintura se utiliza polvo de tiza y pintura acrílica para dar a la pared un efecto agrietado?

a) Estucado.
b) Trapeado.
c) Esponjado.
d) Craquelado.

37. Indica cuál de las siguientes es una técnica muy laboriosa en la que se aplica primero una capa de pintura, antes de que seque se pasa un trapo, después se hacen líneas con un pincel fino para hacer efecto de vetas y por último, se difuminan las líneas con una brocha:

a) La brocha seca.
b) Craquelado.
c) Lacado.
d) Marmolado.

38. Es una técnica de pintura que consiste en un acabado efecto agua o incluso efecto amarmolado:

a) Lacado.
b) Patinas.
c) Bruñido.
d) Marmolado.

39. ¿Qué debemos hacer para que, una vez aplicado el estuco a una pared, aparezca un acabado brillante?

a) Bruñir.
b) Lacar.
c) Espatular.
d) Encerar.

40. Para preparar el soporte o paramento que se va a pintar y hay que eliminar los restos de capa de un antiguo recubrimiento que se halla en mal estado, realizaremos un:

a) Lacado.
b) Decapado.

c) Bruñido.

d) Trapeado

41. Indica cuál de los siguientes aspectos no forman parte de la aplicación de la pintura:

a) Siempre empezar la pintura de una habitación por la pared de la ventana.

b) Siempre se debe empezar pintando las paredes de abajo a arriba.

c) El proceso de pintado se comienza por el techo.

d) Sería conveniente que el sol incidiera sobre el plano de aplicación, para ver resultados.

42. Debemos tener en cuenta algunas pautas para pintar. De manera general, no se pintará:

a) Con luz directa.

b) Con humedad superior al 25%.

c) Si está lloviendo.

d) A más de 20º C.

43. La primera capa con la que se impregna el soporte y se emplea para obtener la adherencia necesaria y para evitar la corrosión del metal se llama:

a) Imprimación.

b) Decapado.

c) Rascado.

d) Lacado.

44. ¿Cuál es el proceso de secado de las pinturas al aceite, esmalte oleosintéticos y sintéticos?

a) El secado químico.

b) El secado por oxidación.

c) El secado físico.

d) El secado por endurecedor.

45. ¿Cuál es la solución para eliminar las películas elásticas que puedan aparecer mezcladas con la pintura?

a) Cerrar el recipiente y agitar nuevamente.

b) Lijar la pared.

c) Descarnar la pintura y volver a empezar.

d) Filtrar la pintura para eliminar impurezas y limpiar bien los pinceles.

46. Para resolver el problema de las señales de brochazos sobre la pintura es preciso:

a) Lijar la superficie y darle una capa muy fina.
b) Dar varias capas para lograr igualar la superficie.
c) Descarnar la pintura y volver a empezar.
d) Preparar bien la pared limpiándola, lijándola, revocando imperfecciones.

47. Cuando aparecen grietas o fisuras en la pintura, puede deberse a que:

a) La pintura ha sido expuesta a altas temperaturas.
b) El paramento no está bien alisado.
c) La pintura ha estado expuesta al aire.
d) La pintura empleada es de poca calidad.

48. En el pintado de superficies totalmente nuevas, lo primero que se debe hacer es:

a) Esperar a que seque la capa de imprimación.
b) Eliminar todo resto y rastro de cemento, yeso, óxido, calamina y recubrimiento de tipo graso.
c) Comenzar con una brocha por las zonas de difícil acceso.
d) Rellenar las grietas y desperfectos.

49. Al pintar los techos, comenzaremos por los rincones con:

a) Una brocha redonda.
b) El rodillo.
c) La almohadilla.
d) La esponja.

50. En las fachadas exteriores, empezaremos pintando:

a) Las grietas y agujeros.
b) Por arriba y en sentido horizontal.
c) A pleno sol para que seque rápido y blanquee.
d) Por arriba y en sentido vertical.

51. ¿Qué tipo de pintura se elimina con agua en abundancia, aplicada por medio de una brocha, rodillo etc?

a) Cal.
b) Plástica.
c) Oleosa.
d) Temple.

52. ¿Qué tipo de recubrimiento se puede usar, en sitios donde la estética no sea importante, y que ejerce una verdadera acción química contra el óxido, se adapta muy bien a metales porosos o a estructuras que han de estar en contacto con el agua y nunca se debe pintar sobre ella puesto que ésta atraviesa la capa de pintura alterando su color?

a) Minio rojo.
b) Minio gris.
c) Brea.
d) Químico.

53. ¿Cómo se debe limpiar pinturas al silicato y al cemento?

a) Con agua y jabón.
b) Con disolvente.
c) Con lejía.
d) Pasando un cepillo suave con abundante agua.

54. Las pinturas plásticas, esmaltes, barnices, etc., se pueden limpiar con:

a) Disolvente.
b) Un cepillo suave con agua abundante.
c) Bayeta húmeda con agua jabonosa.
d) Detergente abrasivo.

55. ¿Cada cuánto tiempo necesitan un repintado las pinturas plásticas, esmaltes y barnices?

a) Dos años.
b) Cinco años.
c) Anualmente.
d) Cuatro años.

56. ¿Qué aparato sirve para conseguir planos a nivel horizontal o vertical (plomos) de la misma medida y se calan entre dos marcas estando el aparato mal nivelado si las medidas son distintas?

a) Nivel de láser.
b) Nivel de burbuja.
c) Nivel de agua.
d) Nivel de línea.

57. Herramienta que sirve para el replanteo de muros y tabiques en suelos, para comprobar que son perpendiculares entre sí:

a) Tiralíneas.
b) Regleta.

c) Nivel.
d) Escuadra.

58. En una lija, cuanta mayor densidad de granos haya por unidad de superficie, decimos que es una lija de grano…:

a) Compacto.
b) Abierto.
c) Cerrado.
d) Grueso.

59. La pieza de sujeción entre las cerdas y el mango de una brocha se llama:

a) Virola.
b) Nuez.
c) Visera.
d) Vástago.

60. ¿Qué tipo de brocha se utiliza para pinturas al agua?

a) Sintética.
b) Natural.
c) De rodillo.
d) Mecánica.

61. Es una máquina eléctrica muy revolucionada usada por los pintores en trabajos en los que sus terminados deban ser abrillantados:

a) Pistola sin aire.
b) Agitadora.
c) Pulidora.
d) Enceradora.

62. La pintura con este tipo de herramienta es una manera común y eficaz de proteger y embellecer partes, productos, vehículos y edificios. Nos referimos a:

a) El rodillo.
b) La brocha.
c) La pulidora.
d) La pistola.

63. Si deseamos pintar grandes superficies, la mejor herramienta será:

a) Mango telescópico.
b) Pistola sin aire.

c) Pistola de aire comprimido.
d) Brocha.

64. Esta pintura se conoce, también, como "pintura a la cola", estando considerada como la pintura más elemental. Posee una cualidad: se pega bien al yeso. Es porosa, permeable, poco dura y poco resistente al agua.

a) Temple.
b) Plástica.
c) A la cal.
d) Al cemento.

65. Es mate, absorbente y resiste agentes atmosféricos. Se debe emplear sobre superficies ásperas, rugosas y porosas para que se adhiera con facilidad. Se utiliza en exteriores (ladrillos, mortero de cemento y derivados). Nos referimos a la:

a) Pintura a la cal.
b) Pintura plástica.
c) Pintura al silicato.
d) Pintura al cemento.

66. ¿Qué tipo de pintura se utiliza para dependencias de uso agrícola o ganadero, como puedan ser establos, granjas, etc?

a) Pintura al silicato.
b) Pintura al cemento.
c) Pintura a la cal.
d) Pintura ignífuga.

67. Se trata de un tipo de pintura que, bajo la influencia del calor de una llama, reacciona cambiando su estructura física y química, para hincharse a continuación formando una capa esponjosa que al carbonizarse se convierte en una cámara alveolar aislante del calor. Nos referimos a la pintura:

a) Ignífuga.
b) Intumescente.
c) Al aceite.
d) Antical.

68. ¿Qué tipo de aglutinador se utiliza con la pintura al aceite?

a) Aguarrás.
b) Agua.
c) Aceite de linaza.
d) Cal.

69. La pintura para esmalte reducirá su brillo:

a) Al aplicarle más disolvente.
b) Al añadirle resinas.
c) Al añadirle cal.
d) Al utilizarse para interiores.

70. Los esmaltes sintéticos deben almacenarse en los envases entre:

a) 20 y 25º C.
b) 5 y 10º C.
c) 5 y 35º C.
d) 0 y 5ª C.

71. Cuando los operarios se encuentren en el interior de la cabina de pintado, estén aplicando o no, y la ventilación no sea suficiente para controlar continuamente la concentración de partículas y el vapor del disolvente, deberán llevar:

a) Un equipo EPI para cada operario.
b) Un equipo de alarma conectado a la cabina central.
c) Un desfibrilador manual.
d) Un equipo respiratorio con suministro de aire

72. Los esmaltes acrílicos llevan como disolvente:

a) Aguarrás.
b) Agua.
c) Brea.
d) Aceite de linaza.

73. ¿Qué tipo de barniz proporciona una película brillante y es muy duro, se usa para parqué y maderas sometidas a roces?

a) Barniz galvanizado.
b) Barniz pelable.
c) Barniz maleable.
d) Barniz nitrocelulósico

74. ¿Qué tipo de barniz utilizaremos para la protección temporal de carpintería de aluminio y otros objetos metálicos de hierro galvanizado, cromados, niquelados, etc.?

a) Barniz nitrocelulósico.
b) Barniz maleable.
c) Barniz pelable.
d) Barniz cromado.

75. Los esmaltes sintéticos, lacas, barnices, barnices con poliuretano, usarán disolventes del tipo:

a) Aguarrás o White spirit.
b) Brea.
c) Agua.
d) Linaza.

76. ¿Qué tipo de producto se utiliza para proceder a la eliminación de barnices o esmaltes usados sobre metales o maderas?

a) Aglutinante.
b) Disolvente.
c) Diluyente.
d) Decapante.

77. El producto químico o natural usado por el fabricante durante el proceso de fabricación de la pintura y que forma parte de ella en su fabricación y envasado es el:

a) Diluyente.
b) Disolvente.
c) Decapante.
d) Dispersor.

78. El decapante en gel se utilizará preferentemente en superficies:

a) Verticales.
b) Horizontales.
c) Exteriores.
d) Interiores.

79. Si deseamos utilizar la pintura que quedó de una ocasión anterior, debemos:

a) Filtrarla.
b) Diluirla con agua.
c) Añadirle disolvente.
d) Someterla a calor.

80. Las rasquetas, raspadores, espátulas y raederas, que poseen hojas de acero, se recuperan con facilidad:

a) Empleando un disolvente apropiado.
b) Lavándolas con agua y jabón.
c) Pasando otra hoja de metal sobre ellas.
d) Eliminando el polvo incrustado.

Solución al test n.º 7

1. b) Pintar fachadas.

2. d) Brocha.

3. b) Craquelado.

4. d) Marmolado.

5. a) Decapado.

6. c) Si está lloviendo.

7. c) Secado por oxidación.

8. a) Lijar la superficie y darle una capa muy fina.

9. d) La pintura ha estado expuesta al aire.

10. c) Poca calidad de la pintura empleada.

11. b) Brocha redonda y gruesa.

12. d) Cal.

13. c) Por arriba y en sentido horizontal.

14. a) Con agua y jabón.

15. b) Un cepillo suave con agua abundante.

16. d) Nivel de línea.

17. a) Medición y replanteo de obra.

18. c) Virola.

19. b) Pistola sin aire.

20. a) Resistente al agua.

21. a) Pintura al cemento.

22. c) Pintura Intumescente.

23. c) Reducirá el brillo.

24. b) Un equipo respiratorio con suministro de aire.

25. b) Barniz pelable.

26. d) Agua.

27. a) En superficies verticales.

28. c) Filtrarla.

29. b) Pasando otra hoja de metal sobre ellas.

30. d) Almohadilla.

31. d) Pintar las superficies

32. c) Rodillo.

33. b) De arriba hacia abajo y de derecha a izquierda (diestros).

34. d) Gotelé.

35. c) Brocha seca.

36. d) Craquelado.

37. d) Marmolado.

38. b) Patinas.

39. a) Bruñir.

40. b) Decapado.

41. d) Sería conveniente que el sol incidiera sobre el plano de aplicación, para ver resultados.

42. c) Si está lloviendo.

43. a) Imprimación.

44. b) El secado por oxidación.

45. d) Filtrar la pintura para eliminar impurezas y limpiar bien los pinceles.

46. a) Lijar la superficie y darle una capa muy fina.

47. d) La pintura empleada es de poca calidad.

48. b) Eliminar todo resto y rastro de cemento, yeso, óxido, calamina y recubrimiento de tipo graso.

49. a) Una brocha redonda.

50. b) Por arriba y en sentido horizontal.

51. d) Temple.

52. c) Brea.

53. d) Pasando un cepillo suave con abundante agua.

54. c) Bayeta húmeda con agua jabonosa.

55. b) Cinco años.

56. b) Nivel de burbuja.

57. d) Escuadra.

58. c) Cerrado.

59. a) Virola.

60. a) Sintética.

61. c) Pulidora.

62. d) La pistola.

63. b) Pistola sin aire.

64. a) Temple.

65. d) Pintura al cemento.

66. c) Pintura a la cal.

67. b) Intumescente.

68. c) Aceite de linaza.

69. a) Al aplicarle más disolvente.

70. c) 5 y 35º C.

71. d) Un equipo respiratorio con suministro de aire

72. b) Agua.

73. d) Barniz nitrocelulósico

74. c) Barniz pelable.

75. a) Aguarrás o White spirit.

76. d) Decapante.

77. b) Disolvente.

78. a) Verticales.

79. a) Filtrarla.

80. c) Pasando otra hoja de metal sobre ellas.

**Jardinería: herramientas útiles para el trabajo de jardinería.
Prevención de riesgos laborales y medidas de seguridad**

1. La actividad que consiste en labrar la tierra para repartir los terrones y, a la vez romperlos, que se suele realizar al final del invierno cuando finalizan las heladas, se llama:

a) Desbrozar.
b) Desmenuzar
c) Mullir.
d) Laboreo.

2. La actividad con la que abrimos surcos en el suelo con el fin de poder plantar en ellos se denomina:

a) Desbrozar.
b) Roturar.
c) Labrar.
d) Cavar.

3. ¿Con qué herramienta conviene hacer el laboreo?

a) Con la motosierra.
b) Con la desbrozadora.
c) Con la motoazada.
d) Con el biérgol.

4. ¿Qué tipo de abono orgánico se encuentra entre los más utilizados?

a) Vermiculita.
b) Perlita.
c) Turba.
d) Sepiolita.

5. Es la técnica que se emplea en agricultura para arrancar los cardos y las malas hierbas que nacen junto al cultivo y que son perjudiciales para su buen desarrollo, ya que sus raíces crecen más rápido que las plantas cultivadas. De esta manera se deja más espacio para la siembra y se promueve su producción. Se realiza a lo largo del periodo de siembra, de modo que se aprovecha para mover la tierra y crear canales por donde circula el agua, evitando que se evapore. Nos referimos a:

a) Escardar.
b) Plantar.
c) Binar.
d) Segar.

6. Para poder frenar la evaporación del agua de superficie, se le da una segunda vuelta a la tierra, para aflojar el suelo. En esto consiste:

a) Binar.
b) Escardar.
c) Airear.
d) Segar.

7. Para arbustos y árboles de hoja caduca, la época más acertada para realizar el trasplante es:

a) El principio de la primavera.
b) La llegada del otoño.
c) El estado del terreno.
d) Mediados o finales de otoño.

8. La labor que consiste en desmenuzar el terreno se realiza:

a) Después de haber sembrado/plantado.
b) Previo a la siembra.
c) En momentos dependientes del clima.
d) Al terminar el invierno, cuando finalizan las heladas.

9. Hay que tener siempre en cuenta que hay una parte en la planta muy sensible en cuanto a encharcamientos o daños mecánicos. Esta es:

a) La raíz.
b) La hoja.
c) La flor
d) La parte aérea.

10. ¿Qué herramienta se usa para la labranza vertical superficial, la eliminación de malezas y de ciertos cuidados de los cultivos en hileras?

a) Cizalla.
b) Paletín.
c) Laya.
d) Cultivador.

11. Con objeto de aportar nutrientes y servir de abrigo en épocas de frío, se aconseja:

a) Abonado mineral.
b) Riego continuado.
c) Rastrillado superficial de restos y desechos.
d) Abonado orgánico o mantillo.

12. ¿Qué tipo de labor se debe realizar en la tierra con intención de que penetre el agua en ella?

a) Desbrozar.
b) Desmenuzar.
c) Entrecavar.
d) Labrar.

13. ¿En qué mes se plantan bulbos y rizomas sin germinar?

a) Octubre.
b) Noviembre.
c) Febrero.
d) Marzo.

14. ¿En qué mes deben plantarse los árboles y arbustos caducifolios?

a) Octubre.
b) Noviembre.
c) Diciembre.
d) Enero.

15. Esta herramienta está formada por una pieza de hierro, plana o ligeramente cóncava, enlazada generalmente por un anillo al mango. Nos va a permitir cavar tierras poco compactas, abrir zanjas y hoyos donde plantar árboles o arbustos, o instalar conducciones de agua, mover montones de arena, áridos, etc.

a) Rodillo.
b) Almocafre.

c) Azada.
d) Horquilla.

16. Si deseamos escardar y limpiar la tierra de malas hierbas y trasplantar plantas pequeñas, utilizaremos una azadilla de boca estrecha y mango corto llamada:

a) Azada.
b) Hoz.
c) Almocafre.
d) Horca.

17. ¿Cuál de las siguientes herramientas puede ser manejada con una sola mano?

a) Guadaña.
b) Hacha.
c) Azada.
d) Hoz.

18. ¿En qué tipo de trabajos se utiliza la guadaña a ras de suelo?

a) Desbrozado.
b) Poda.
c) Segado.
d) Aclarado.

19. ¿Qué herramienta utilizaremos si queremos apisonar la tierra y compactarla, adaptando el césped al terreno o para alisar caminos de arena, grava o tierra apisonada?

a) Un rodillo para jardín.
b) Una horquilla.
c) Un rastrillo.
d) Un palote.

20. Señala la respuesta incorrecta. La sierra de poda…:

a) Resulta muy útil para zonas limitadas de trabajo.
b) Cuantos más dientes tiene, más preciso es su corte.
c) Corta en dirección contraria a los serruchos.
d) Se utilizan sierras con dientes pequeños para ramas grandes.

21. Para hacer cortes rápidos en ramas grandes cuando el corte no presenta ninguna dificultad, se utiliza:

a) Serrucho de poda.
b) Arco de sierra

c) Tijeras cortasetos.
d) Tijeras de podar.

22. ¿Qué tipo de herramienta se usa para la poda en viveros, para repasar porta-injertos y para mejorar cortes deficientes realizados por otras herramientas?

a) Navaja de injertar.
b) Navaja de podar.
c) Sierra de arco.
d) Tijera de jardinero.

23. ¿Qué tipo de riego utilizaremos si queremos regar una superficie pequeña?

a) Difusor.
b) Aspersor.
c) Electroválvula.
d) Nebulizador.

24. ¿Cuál puede ser una buena medida de hoja a la hora de elegir un cortasetos?

a) 30-40 centímetros.
b) 60-70 centímetros.
c) 50-60 centímetros.
d) 40-50 centímetros.

25. ¿Qué tipo de herramienta permite muchos trabajos en relación con el corte, desde abatir árboles hasta el rajado de troncos, o la poda de setos?

a) Motosierra.
b) Hacha.
c) Tijera de recorte.
d) Tijera de mano.

26. ¿Cómo se llama el conjunto de hojas dispuestas de forma muy apretada y junta; están rodeadas por unas hojas exteriores más duras, que lo/la protegen del medio externo hasta que se abra y se desarrolle?

a) Tallo.
b) Yema.
c) Caña.
d) Raíz.

27. En los tallos primarios ¿por dónde y cómo circula la savia elaborada?

a) Por fuera y en sentido descendente.
b) Por fuera y en sentido ascendente.

c) Por dentro y en sentido descendente.
d) Por dentro y en sentido ascendente.

28. ¿Cómo se llama el tejido que provoca el crecimiento en longitud de la raíz, provocado por unas hormonas llamadas citoquininas?

a) Central
b) Meristemo apical.
c) Intercalar.
d) Terminal.

29. La porción de suelo que la raíz de una planta es capaz de acaparar se denomina:

a) Rizoma.
b) Ecozona.
c) Rizosfera.
d) Cofia.

30. ¿A qué tipo de raíz pertenece la zanahoria?

a) Reticulada.
b) Columnar.
c) Fascilulada.
d) Napiforme.

31. ¿Qué órgano de la planta es el encargado de realizar los procesos de intercambio gaseoso?

a) El tallo.
b) Los nervios.
c) La raíz.
d) Los estomas.

32. ¿Cómo se llama la parte de inserción de la hoja en el tallo?

a) Haz.
b) Limbo.
c) Pecíolo.
d) Limbo.

33. Cuando se consigue que se desarrollen raíces en una parte del tallo que permanece unido a la planta materna y que se separa de ésta una vez enraizado convirtiéndose en una planta nueva, se dice que se ha hecho un:

a) Acodo.
b) Injerto.

c) Esqueje.
d) Enraizado.

34. ¿Qué hacemos al cortar de una planta, cuyos caracteres se quiere conservar y transmitir, una yema o un brote con yemas denominado púa que se suelda a otra planta especialmente robusta denominada patrón?

a) Un injerto.
b) Un acodo.
c) Un esqueje.
d) Una deriva.

35. Cuando el pericarpio forma parte del receptáculo carnoso de un fruto, se denomina fruto pomo. ¿Cuál de los siguientes pertenece a esa categoría?

a) Melocotón.
b) Pera.
c) Tomate.
d) Melón.

36. La actividad que consiste en labrar la tierra para repartir los terrones y, a la vez, romperlos que se suele realizar al final del invierno cuando finalizan las heladas, se llama:

a) Desbrozar.
b) Desmenuzar
c) Mullir.
d) Laboreo.

37. Actividad con la que abrimos surcos en el suelo con el fin de poder plantar en ellos:

a) Desbrozar.
b) Roturar.
c) Labrar.
d) Cavar.

38. ¿Con qué herramienta conviene hacer el laboreo?

a) Con la motosierra.
b) Con la desbrozadora.
c) Con la motoazada.
d) Con el biérgol.

39. ¿Qué tipo de suelo se caracteriza por ser de un color marrón oscuro, a veces casi negro?

a) Vermiculita.
b) Perlita.
c) Turba.
d) Fibra de coco.

40. Es la técnica que se emplea en agricultura para arrancar los cardos y las malas hierbas que nacen junto al cultivo y que son perjudiciales para su buen desarrollo, ya que sus raíces crecen más rápido que las plantas cultivadas. Nos referimos a:

a) Escardar.
b) Plantar.
c) Binar.
d) Segar.

41. Para poder frenar la evaporación del agua de superficie, se le da una segunda vuelta a la tierra, para aflojar el suelo. En esto consiste:

a) Binar.
b) Escardar.
c) Airear.
d) Segar.

42. El mejor momento para airear el césped depende de:

a) El tipo de césped.
b) La llegada del verano.
c) El estado del terreno.
d) La altura que haya alcanzado el césped.

43. ¿Qué operación básica en jardinería se realiza para mejorar la oxigenación y la absorción del agua en el suelo?

a) Poda de formación.
b) Mulching o acolchado.
c) Aireación y entrecava.
d) Selección de semillas.

44. ¿Cuál es una de las tareas que realiza el peón de jardinería en su trabajo diario?

a) Diseñar jardines ornamentales.
b) Supervisar a otros jardineros.
c) Barrer paseos y limpiar jardines.
d) Dirigir proyectos municipales de jardinería.

45. El mejor momento del año para realizar la plantación en jardines de clima mediterráneo es::

a) Principios del invierno.
b) Comienzo de la primavera.
c) Finales de invierno.
d) Finales de verano o principios otoño.

46. ¿Qué operación es muy aconsejable para repartir los terrones y, a la vez, romperlos?

a) El mullido.
b) La siega vertical.
c) El cavado.
d) El escardado.

47. ¿En qué época deben aportarse abonos ricos en fósforo?

a) Primavera.
b) Verano.
c) Otoño.
d) Invierno.

48. ¿Qué tipo de abonos inorgánicos son los abonos nitrogenados?

a) Complejos.
b) Foliar.
c) Simples.
d) General.

49. ¿Cuál es uno de los sistemas de riego más eficaz?

a) Riego con manguera.
b) Riego por difusión.
c) Riego por apersión.
d) Riego por goteo.

50. ¿Qué paso hay entre la germinación y el transplante, que ha de realizarse con sumo cuidado?

a) Aireado.
b) Repicado.
c) Escardado.
d) Roturado.

51. La segunda arada a las tierras de labor antes de sembrarlas se llama:

a) Laboreo.
b) Sembrar.
c) Edrar.
d) Escardar.

52. ¿Qué debe hacerse antes de realizar un trasplante?

a) Podar la planta.
b) Regar con mayor asiduidad.
c) Segar de manera rasa.
d) Cortar cuando la planta esté mojada.

53. ¿Qué tipo de poda tiene como objetivo principal la eliminación de elementos y formaciones no deseables?

a) Poda de formación.
b) Poda de limpieza.
c) Poda de mantenimiento.
d) Poda de renovación.

54. ¿Qué tipo de labor se debe realizar en el alcorque para eliminar malas hierbas y mullir la tierra para que penetre el aire y el agua?

a) Desbrozar.
b) Desmenuzar
c) Entrecavar.
d) Labrar.

55. ¿En qué mes se plantan bulbos y rizomas sin germinar?

a) Octubre.
b) Noviembre.
c) Febrero.
d) Marzo.

56. ¿En qué mes deben plantarse los árboles y arbustos caducifolios?

a) Octubre.
b) Noviembre.
c) Diciembre.
d) Enero.

57. Esta herramienta está formada una hoja de acero afilada y un mango de madera, que puede ser de diferentes tamaños, sirve para cavar la tierra poco compacta, dar vueltas a las arenas, abrir zanjas y hoyos donde plantar árboles y arbustos, romper la corteza y los terrones del suelo o instalar conducciones de agua.

a) Rodillo.
b) Almocafre.
c) Azada.
d) Horquilla.

58. Si deseamos escardar y limpiar la tierra de malas hierbas y trasplantar plantas pequeñas, utilizaremos una azadilla de boca estrecha y mango corto llamada:

a) Azada.
b) Hoz.
c) Almocafre.
d) Horca.

59. ¿Cuál de las siguientes herramientas puede ser manejada con una sola mano?

a) Guadaña.
b) Bieldo.
c) Azada.
d) Hoz.

60. ¿En qué tipo de trabajos se utiliza la guadaña a ras de suelo?

a) Desbrozado.
b) Poda.
c) Segado.
d) Aclarado.

61. ¿Qué herramienta sirve remover la tierra; a veces, lleva dos o más puntas y un travesaño en el extremo del mango que se sujeta con ambas manos para apretar con ellas al mismo tiempo que se aprieta con el pie?

a) Gancho.
b) Laya u horquilla.
c) Rodillo.
d) Azadilla.

62. ¿Qué herramienta utilizaremos si queremos apisonar la tierra y compactarla, adaptando el césped al terreno o para alisar caminos de arena, grava o tierra apisonada?

a) Un rodillo para jardín.
b) Una horquilla.
c) Un rastrillo.
d) Un palote.

63. Señala la opción incorrecta. La sierra de poda…:

a) Resulta muy útil para zonas limitadas de trabajo.
b) Cuantos más dientes tiene, más preciso es su corte.
c) Corta en dirección contraria a los serruchos.
d) Se utilizan sierras con dientes pequeños para ramas grandes.

64. Para hacer cortes rápidos en ramas grandes cuando el corte no presenta ninguna dificultad, se utiliza:

a) Una sierra de poda.
b) Una sierra de arco.
c) Tijeras cortasetos.
d) Tijeras de podar.

65. ¿Qué tipo de herramienta se usa para la poda en viveros, para repasar portainjertos y para mejorar cortes deficientes realizados por otras herramientas?

a) Navaja de injertar.
b) Navaja de podar.
c) Sierra de arco.
d) Tijera de jardinero.

66. Señala la opción incorrecta. A la hora de regar tendremos en cuenta:

a) Al regar, el agua se infiltra directamente a las raíces.
b) El riego debe aplicarse antes de que la humedad disponible en el suelo se agote por completo.
c) Los distintos sistemas de riego para jardín.
d) Con la aplicación del riego no se busca saturar el perfil del suelo sino elevar su contenido de humedad hasta un nivel óptimo para el cultivo, conocido como capacidad de campo.

67. ¿Qué tipo de riego utilizaremos si queremos regar una superficie pequeña?

a) Difusor.
b) Aspersor.
c) Por goteo.
d) Nebulizador.

68. ¿Cuál puede ser una buena medida de hoja a la hora de elegir un cortasetos?

a) 30-40 centímetros.
b) 60-70 centímetros.
c) 50-60 centímetros.
d) 40-50 centímetros.

69. Es una herramienta que se utiliza para cortar y desbrozar ramas:

a) Rastrillo.
b) Fumigadora.
c) Aspiradora.
d) Tajamatas.

70. ¿Cuál de los siguientes elementos no forma parte del equipo de protección individual a la hora de usar una desbrozadora?

a) Zahón para desbroce.
b) Guantes de protección.
c) Gafas de protección homologadas.
d) Botas de suela antideslizante.

71. En Septiembre, ¿cuándo hay que regar para evitar los hongos?

a) Por la mañana.
b) Por la tarde.
c) A diario.
d) Por la noche.

72. ¿Cómo se llama el conjunto de hojas dispuestas de forma muy apretada y junta; están rodeadas por unas hojas exteriores más duras, que lo/la protegen del medio externo hasta que se abra y se desarrolle?

a) Tallo.
b) Yema.
c) Caña.
d) Raíz.

73. En los tallos primarios ¿por dónde y cómo circula la savia elaborada?

a) Por fuera y en sentido descendente.
b) Por fuera y en sentido ascendente.
c) Por dentro y en sentido descendente.
d) Por dentro y en sentido ascendente.

74. Se encuentra en la punta de la raíz y en la base de la cofia. Este tejido es el que provoca el crecimiento en longitud de la raíz, provocado por unas hormonas llamadas citoquininas. Nos referimos a:

a) Meristemo apical.
b) El cilindro apical.
c) La corteza.
d) El cuello.

75. ¿Qué tipo de tallo es el tallo sin ramificar de las palmeras?

a) Estipe.
b) Cálamo.
c) Rizoma.
d) Caña.

76. La porción de suelo que la raíz de una planta es capaz de acaparar se denomina:

a) Rizoma.
b) Ecozona.
c) Rizosfera.
d) Cofia.

77. ¿A qué tipo de raíz pertenece la zanahoria?

a) Reticulada.
b) Columnar.
c) Fascilulada.
d) Napiforme.

78. ¿Qué órgano de la planta es el encargado de realizar los procesos de intercambio gaseoso?

a) El tallo.
b) Los nervios.
c) La raíz.
d) Los estomas.

79. ¿Cómo se llama la parte de inserción de la hoja en el tallo?

a) Haz.
b) Limbo.
c) Peciolo.
d) Limbo.

80. Las primeras hojas que se desarrollan en una planta, que son de corta duración, no suelen hacer fotosíntesis. Se llaman:

a) Nomófilos.
b) Cotiledones.
c) Estípulas.
d) Brácteas.

81. Se caracterizan porque sus óvulos están encerrados en una estructura que los protege del exterior llamada ovario:

a) Gimnospermas.
b) Androspermas.
c) Angiospermas.
d) Estrospermas.

82. Cuando el pericarpio forma parte del receptáculo carnoso de un fruto, se denomina fruto pomo. ¿Cuál de los siguientes pertenece a esa categoría?

a) Melocotón.
b) Pera.
c) Tomate.
d) Melón.

83. ¿Cuál es el proceso por el que las plantas fabrican materia orgánica a partir de agua y sales minerales, que toman por las raíces, y dióxido de carbono que entra por las hojas (materia inorgánica), utilizando la energía luminosa del sol, y liberando O2 como desecho?

a) Reproducción.
b) Relación.
c) Fotosíntesis.
d) Oxigenación.

84. Cuando se consigue que se desarrollen raíces en una parte del tallo que permanece unido a la planta materna y que se separa de ésta una vez enraizado convirtiéndose en una planta nueva, se dice que se ha hecho un:

a) Acodo.
b) Injerto.
c) Esqueje.
d) Enraizado.

85. ¿Qué hacemos al cortar de una planta, cuyos caracteres se quiere conservar y transmitir, una yema o un brote con yemas denominado púa que se suelda a otra planta especialmente robusta denominada patrón?

a) Un injerto.
b) Un acodo.
c) Un esqueje.
d) Una deriva.

86. ¿Qué se debe hacer tras usar una herramienta de jardinería eléctrica o a batería?

a) Desenchufarla o quitar la batería y limpiarla a fondo.
b) Guardarla directamente sin limpiar.
c) Mojarla para quitar la suciedad.
d) Guardarla en posición vertical.

87. ¿Por qué es especialmente importante limpiar a fondo las herramientas de poda?

a) Para prolongar el filo de la herramienta.
b) Para ahorrar tiempo en el trabajo.
c) Para evitar transmitir bacterias y enfermedades de unas plantas a otras.
d) Para mantener brillante la superficie metálica.

88. ¿Qué factor físico es el más importante como limitante natural de las plagas?

a) Humedad.
b) Viento.
c) Temperatura.
d) Radiación solar.

89. ¿Qué tipo de control de plagas consiste en usar sustancias tóxicas como fitosanitarios?

a) Control biológico.
b) Control químico.
c) Control mecánico.
d) Control etológico.

90. ¿Qué norma establece el marco de actuación para conseguir un uso sostenible de los productos fitosanitarios?

a) Real Decreto 1311/2012, de 14 de septiembre.
b) Real Decreto 773/1997.
c) Ley 31/1995 de Prevención de Riesgos Laborales.
d) Reglamento REACH.

91. ¿Qué enfoque actual se utiliza para controlar plagas en parques y jardines?

a) Eliminar totalmente las plagas.
b) Mantener su población en niveles aceptables mediante manejo integrado.
c) Aumentar la resistencia de las plagas.
d) Sustituir la vegetación sensible.

92. ¿Qué debe hacerse antes de aplicar cualquier práctica de control?

a) Usar directamente insecticidas.
b) Cambiar la vegetación del entorno.
c) Podar las plantas afectadas.
d) Identificar correctamente la plaga.

93. ¿Qué técnica consiste en introducir preparados fitosanitarios en el sistema vascular de la planta?

a) Pulverización.
b) Endoterapia.
c) Quimigación.
d) Espolvoreo.

94. ¿Qué método aprovecha el comportamiento de los insectos utilizando feromonas?

a) Control biológico.
b) Control químico.
c) Control físico.
d) Métodos etológicos.

95. ¿Qué insecticidas inactivan irreversiblemente la acetilcolinesterasa?

a) Los organofosforados.
b) Los piretroides.
c) Los carbamatos.
d) Las triazinas.

96. ¿Qué documento garantiza que una máquina de jardinería es segura?

a) La declaración CE de conformidad.
b) El certificado de compra.
c) El manual del usuario.
d) La etiqueta con el precio.

97. ¿Qué debe comprobarse en las herramientas de corte antes de usarlas?

a) Que sean ligeras.
b) Que tengan color metálico.
c) Que estén correctamente afiladas, sin rebabas ni bordes romos.
d) Que sean nuevas.

98. ¿Qué contaminante se considera peligroso por sus propiedades fisico-químicas o toxicológicas?

a) Agente biológico.
b) Polvo vegetal.
c) Contaminante químico o producto tóxico.
d) Agua de riego.

99. ¿Qué medida debe cumplirse al trasvasar sustancias químicas?

a) Utilizar envases que hayan contenido alimentos.
b) Guardarlas en botellas de plástico de agua.
c) Evitar trasvasar si no es necesario y nunca usar envases de alimentos.
d) Diluirlas en cubos de agua.

100. ¿Qué riesgo es frecuente en jardinería debido al ruido?

a) Estrés térmico.
b) Cortes en manos.
c) Intoxicaciones.
d) Peligro para la salud auditiva.

101. ¿Qué debe hacerse tras aplicar plaguicidas?

a) Guardar la ropa usada.
b) Fumar al terminar.
c) Dejar los envases en el campo.
d) Lavar todo el cuerpo y la ropa usada.

102. ¿Qué precaución es obligatoria al realizar trabajos en jardinería a temperaturas altas?

a) Usar botas impermeables.
b) Evitar abrigos gruesos.
c) Utilizar gorra o sombrero, aplicar crema solar, beber agua y planificar tareas duras a primera hora.
d) Trabajar sin camiseta.

103. ¿Qué debe hacerse antes de colocar una escalera de mano en un suelo inclinado?

a) Asegurarla con cuerdas al trabajador.
b) Poner objetos debajo.
c) Utilizar zapatas ajustables para que los travesaños queden horizontales.
d) Sujetarla con las manos.

104. ¿Qué se debe hacer con los envases de pesticidas agotados?

a) Reutilizarlos para guardar agua.
b) Quemarlos.
c) Tirarlos en el campo.
d) Inutilizarlos mediante agujeros, nunca usar fuego como destructor.

105. ¿Qué EPI deben usarse obligatoriamente al manipular productos fitosanitarios?

a) Traje impermeable con mangas largas, botas de goma altas, guantes de goma altos, gafas herméticas y mascarillas respiratorias.
b) Delantal de tela y zapatillas deportivas.
c) Guantes de lana y gafas de sol.
d) Chaleco reflectante y casco.

106. ¿Qué peso máximo no debe superar un casco de seguridad?

a) 400 gramos.
b) 600 gramos.
c) 1 kilogramo.
d) 250 gramos.

107. ¿Qué elemento opcional puede llevar un casco de seguridad?

a) Casquete.
b) Banda de contorno.
c) Banda de nuca.
d) Barboquejo.

108. ¿Qué resistencia a descargas eléctricas soporta un casco de clase A?

a) Ninguna.
b) Hasta 2.200 voltios.
c) Hasta 10.000 voltios.
d) Hasta 30.000 voltios.

109. ¿Qué debe hacerse con un casco que ha sufrido un impacto?

a) Guardarlo limpio.
b) Prestarlo a otro trabajador.
c) Sustituirlo.
d) Pintarlo para identificarlo.

110. ¿Qué tipo de protector auditivo está diseñado para uso corto?

a) Cascos de seguridad.
b) Tapones de oído.
c) Protectores integrados al casco.
d) Orejeras con líquido.

111. ¿Cuánto tiempo máximo se recomienda trabajar con equipos de protección respiratoria?

a) 2 horas seguidas.
b) 3 horas seguidas.
c) 4 horas seguidas.
d) 1 hora seguida.

112. ¿Qué categoría de guantes protege frente a riesgos de lesiones irreversibles o muerte?

a) Categoría I.
b) Categoría II.
c) Categoría III.
d) Categoría IV.

113. ¿Qué energía mínima deben resistir los topes de seguridad del calzado de seguridad?

a) 100 J.
b) 150 J.
c) 200 J.
d) 250 J.

114. ¿Qué ropa se utiliza frente a riesgos mecánicos en tala y poda?

a) Ropa impermeable de PVC.
b) Ropa de algodón.
c) Ropa de aramidas como Kevlar o Twaron.
d) Ropa de lana.

115. ¿Qué material se usa en ropa antiestática para evitar descargas eléctricas?

a) Lino tratado con PVC.
b) Algodón encerado.
c) Nylon con recubrimiento plástico.
d) Tejidos de poliéster con microfibras de acero inoxidable o fibras con núcleo de carbón.

Solución al test n.º 8

1. c) Mullir.

2. b) Roturar.

3. c) Con la motoazada.

4. c) Turba.

5. a) Escardar.

6. a) Binar.

7. d) Mediados o finales de otoño.

8. b) Previo a la siembra.

9. d) La parte aérea.

10. d) Cultivador.

11. d) Abonado orgánico o mantillo.

12. c) Entrecavar.

13. a) Octubre.

14. d) Enero.

15. c) Azada.

16. c) Almocafre.

17. d) Hoz.

18. c) Segado.

19. a) Un rodillo para jardín.

20. d) Se utilizan sierras con dientes pequeños para ramas grandes.

21. b) Arco de sierra.

22. b) Navaja de podar.

23. a) Difusor.

24. c) 50-60 centímetros.

25. a) Motosierra.

26 b) Yema.

27. a) Por fuera y en sentido descendente.

28. b) Meristemo apical.

29. c) Rizosfera.

30. d) Napiforme.

31. d) Los estomas.

32. c) Pecíolo.

33. a) Acodo.

34. a) Un injerto.

35. b) Pera.

36. c) Mullir.

37. b) Roturar.

38. c) Con la motoazada.

39. c) Turba.

40. a) Escardar.

41. a) Binar.

42. a) El tipo de césped.

43. c) Aireación y entrecava.

44. c) Barrer paseos y limpiar jardines.

45. d) Finales de verano o principios otoño.

46. a) El mullido.

47. c) Otoño.

48. c) Simples.

49. d) Riego por goteo.

50. b) Repicado.

51. c) Edrar.

52. a) Podar la planta.

53. b) Poda de limpieza.

54. c) Entrecavar.

55. a) Octubre.

56. d) Enero.

57. c) Azada.

58. c) Almocafre.

59. d) Hoz.

60. c) Segado.

61. b) Laya u horquilla.

62. a) Un rodillo para jardín.

63. d) Se utilizan sierras con dientes pequeños para ramas grandes.

64. b) Una sierra de arco.

65. b) Navaja de podar.

66. a) Al regar, el agua se infiltra directamente a las raíces.

67. a) Difusor.

68. c) 50-60 centímetros.

69. d) Tajamatas.

70. c) Gafas de protección homologadas.

71. a) Por la mañana.

72. b) Yema.

73. a) Por fuera y en sentido descendente.

74. a) Meristemo apical.

75. a) Estipe.

76. c) Rizosfera.

77. d) Napiforme.

78. d) Los estomas.

79. c) Peciolo.

80. b) Cotiledones.

81. c) Angiospermas.

82. b) Pera.

83. c) Fotosíntesis.

84. a) Acodo.

85. a) Un injerto.

86. a) Desenchufarla o quitar la batería y limpiarla a fondo.

87. c) Para evitar transmitir bacterias y enfermedades de unas plantas a otras.

88. c) Temperatura.

89. b) Control químico.

90. a) Real Decreto 1311/2012, de 14 de septiembre.

91. b) Mantener su población en niveles aceptables mediante manejo integrado.

92. d) Identificar correctamente la plaga.

93. b) Endoterapia.

94. d) Métodos etológicos.

95. a) Los organofosforados.

96. a) La declaración CE de conformidad.

97. c) Que estén correctamente afiladas, sin rebabas ni bordes romos.

98. c) Contaminante químico o producto tóxico.

99. c) Evitar trasvasar si no es necesario y nunca usar envases de alimentos.

100. d) Peligro para la salud auditiva.

101. d) Lavar todo el cuerpo y la ropa usada.

102. c) Utilizar gorra o sombrero, aplicar crema solar, beber agua y planificar tareas duras a primera hora.

103. c) Utilizar zapatas ajustables para que los travesaños queden horizontales.

104. d) Inutilizarlos mediante agujeros, nunca usar fuego como destructor.

105. a) Traje impermeable con mangas largas, botas de goma altas, guantes de goma altos, gafas herméticas y mascarillas respiratorias.

106. a) 400 gramos.

107. d) Barboquejo.

108. d) Hasta 30.000 voltios.

109. c) Sustituirlo.

110. b) Tapones de oído.

111. a) 2 horas seguidas.

112. c) Categoría III.

113. c) 200 J.

114. c) Ropa de aramidas como Kevlar o Twaron.

115. d) Tejidos de poliéster con microfibras de acero inoxidable o fibras con núcleo de carbón.